Eine kulinarische
Entdeckungsreise

KATRIN LIPKA • ULRIKE KIRMSE

Eine kulinarische Entdeckungsreise

DURCH HAMBURG UND DAS ALTE LAND

UMSCHAU

INHALT

ORT CONTAINER TERMINAL
K LINE

Inhalt

Hamburg und das Alte Land

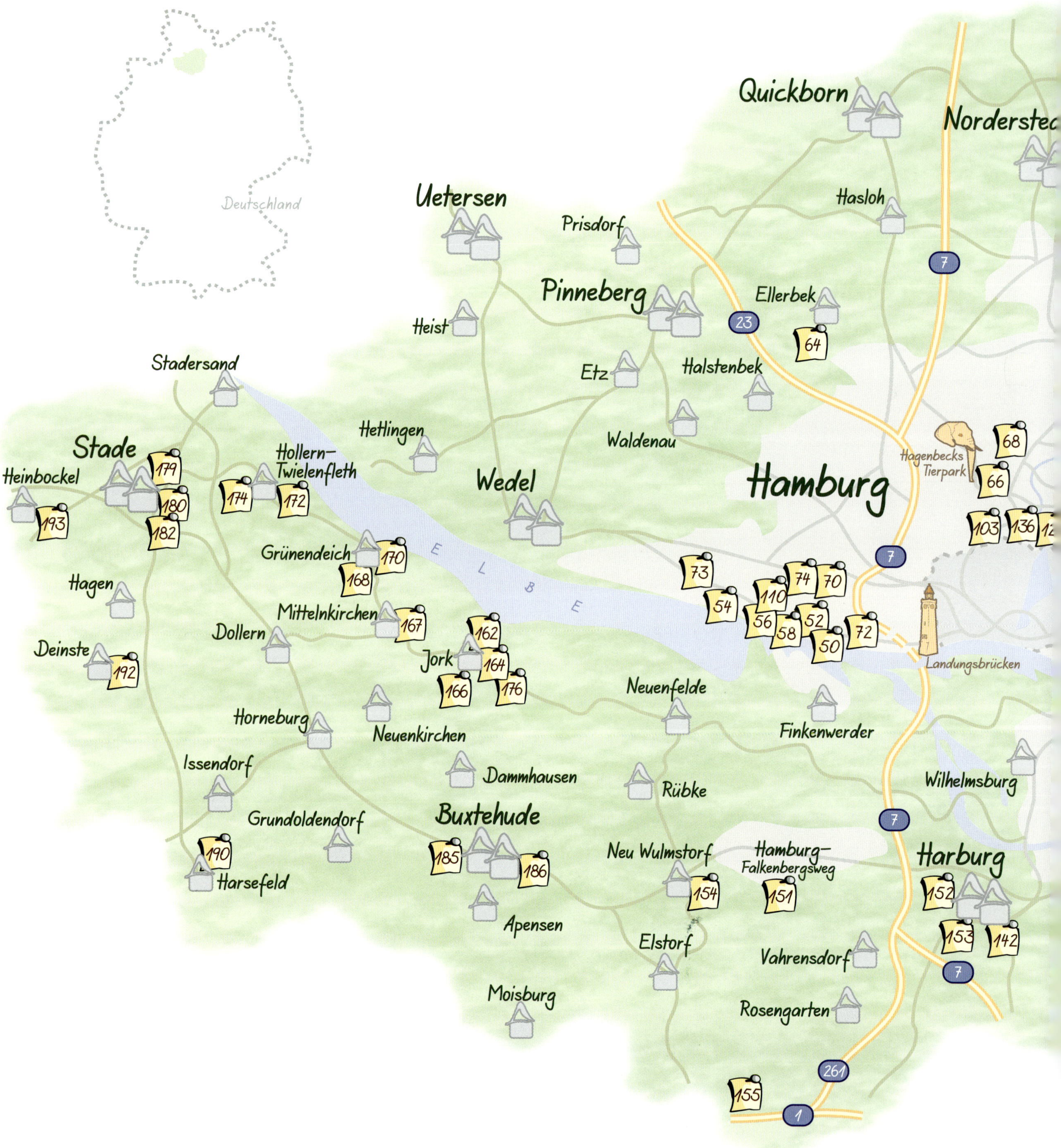

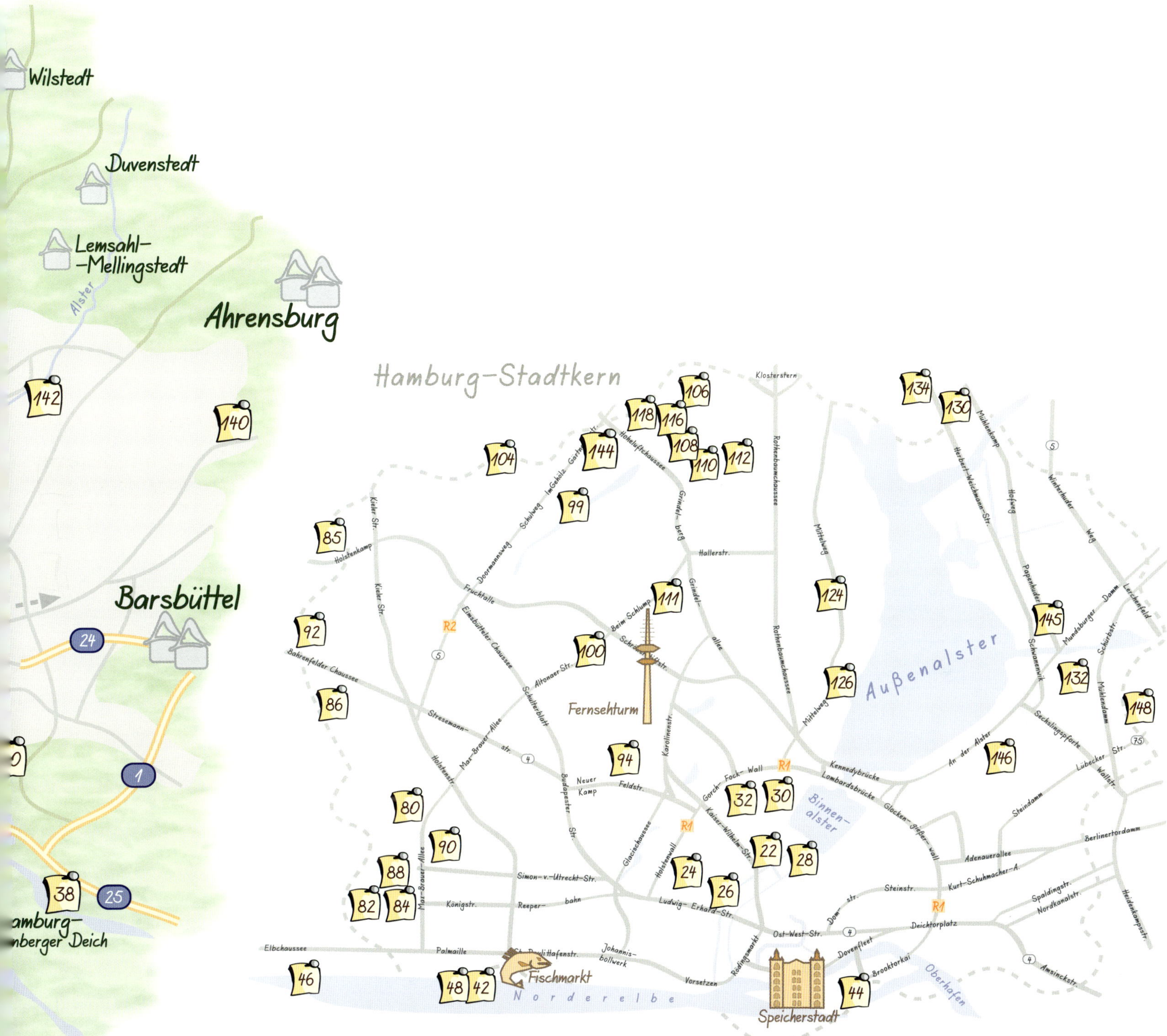

Die Zahlen 128 sind identisch mit den Seitenzahlen der einzelnen Betriebe in diesem Buch und bezeichnen ihre Lage in Hamburg.

MARBO FLIESEN

Otto Kaffee
Westhoff
KAFFEE
RUM

Ob Gewürze aus Fernost, exotische Früchte aus südlichen Gefilden, Kaffee aus Südamerika, indischer Tee, französische Austern oder Hummer aus Kanada – das Tor zur Welt hat seine Pforten weit geöffnet und verströmt den lukullischen Duft sämtlicher Kontinente. Durch seinen Hafen kam Hamburg von jeher in den Genuss ausgefallener Spezialitäten aus aller Herren Länder. So mancher Seemann streckte seine Fühler aus und brachte kulinarische Anregungen mit. Diese machten sich die Hanseaten bereits zu einer Zeit zunutze, als sie im übrigen Deutschland noch weitgehend unbekannt waren.
Nicht ohne Grund eilt Hamburg daher noch heute der Ruf als kulinarische Hauptstadt voraus. Das Herz eines jeden Gourmets schlägt hier höher. Die Vielfalt an Restaurants aller nur denkbaren Nationalitäten und Stilrichtungen ist überwältigend. Ob traditionell oder kreativ, europäisch, mediterran, exotisch oder regional – für jeden Geschmack wird etwas geboten.
Neben den Köstlichkeiten aus Übersee verdankt die hanseatische Gastronomie ihre Mannigfaltigkeit außerdem den frischen Produkten aus dem Umland. Gemüse kommt aus den Vier- und Marschlanden, ebenso die berühmte Vierländer Ente; guten Käse und zartes Fleisch bezieht man aus Niedersachsen oder Schleswig-Holstein. Schmackhaften Fisch, z.B. Steinbeißer, liefert die Nordsee und frisches Obst das Alte Land, Nordeuropas größtes erschlossenes Obstanbaugebiet. In den kleinen Hofläden werden Äpfel, Birnen, Kirschen oder Zwetschgen pur und in veredelter Form feilgeboten. Auch die Gastronomie profitiert von dieser Vielfalt und verarbeitet das Obst in ihren Speisen.
Zwei benachbarte und doch so gegensätzliche Regionen laden zu einer abwechslungsreichen „Kulinarischen Entdeckungsreise" ein. Hervorragende Restaurants, rustikale Hofläden, exquisite Weinhandlungen und Feinkostgeschäfte, Großhändler, Caterer und viele andere Anbieter zeugen von delikater Vielfalt: Hamburg und das Alte Land verbindet mehr als nur die Nähe zur Elbe, nämlich die Freude am besonderen kulinarischen Genuss.

HAMBURG – DAS TOR ZUR WELT

Welche Stadt kann schon von sich behaupten, Namensgeber einer weltweit bekannten und gleichermaßen beliebten Speise zu sein? Hamburg kann es. Trotz konkurrierender Legenden sind sich die Hanseaten darüber einig, den legendären Hamburger, ihren Namensvetter, sogar erfunden zu haben. Demnach liegt der Ursprung des erfolgreichen Burgers in ihrem „Rundstück warm“, einem aufgeschnittenen, mit einer Scheibe Braten belegten Weizenbrötchen. Anfang des 20. Jahrhunderts sollen hanseatische Emigranten ihm in Amerika zu durchschlagendem Erfolg verholfen haben.
Auch wenn diese Theorie bis dato nicht belegt ist, steht eine Tatsache unbestritten fest: Wenn es um kulinarische Spezialitäten geht, dann ist der Name Hamburger Programm. Und das weniger im Fleischbrötchen-Sinne als vielmehr im Hinblick auf eine abwechslungsreiche Küche mit traditionellen Gerichten.
Aus den einfachen, behelfsmäßigen Mahlzeiten der mittellosen Hamburger Bevölkerung vor mehr als 100 Jahren haben sich heute wahre Klassiker entwickelt. Mit besten Zutaten zubereitet schmücken sie so manche Speisekarte der Gourmetrestaurants. Denn was wäre Hamburg ohne seinen Labskaus, seine Rote Grütze, seine Scholle Finkenwerder Art oder seine berühmt-berüchtigte Aalsuppe? Wer davon ausgeht, dass es sich bei der Aal- um eine Fischsuppe handelt, der irrt gewaltig. „Al“ bedeutet auf hamburgisch lediglich so viel wie „alles drin“. Glücklich kann sich der schätzen, der in der kräftig süß-sauren Gemüsesuppe mit Backobst und Speck tatsächlich Fisch findet. Auf seine Kosten kommt der Fischliebhaber aber sicherlich beim Hamburger Pannfisch, einer wahrhaft leckeren Spezialität, die traditionell mit Bratkartoffeln und Senfsoße serviert wird. Ursprünglich wurde der Pannfisch aus Fischresten zubereitet, heute verwenden die Köche gutes Filetfleisch.

Seit jeher stand Fisch ganz oben auf der Speisekarte der Hanseaten. Er kam früher sogar noch fangfrisch aus der Elbe. An seiner Popularität hat sich bis heute wenig geändert. Das Angebot an Fisch und Meeresfrüchten aus der Nordsee und aus Übersee könnte abwechslungsreicher nicht sein. Seit einigen Jahren fischt man in der Elbe sogar wieder den Stint, eine kleine lachsartige Fischspezialität, die mitsamt Gräten serviert und gegessen wird.

Nicht nur in der herzhaften Haus- und Seemannskost war der Fisch stets ein bedeutender Bestandteil, sondern auch in der feinen Esskultur. Diese manifestierte sich schon früh und trug wesentlich zum kulinarischen Hamburg in seiner heutigen Ausprägung bei. Kreative Gerichte bestanden häufig aus exotischen Waren und Gewürzen, die aus Ländern rund um den Globus am Hamburger Hafen ankamen. Von hier aus brachten sie die Kaufleute in die von unzähligen Fleeten durchzogene Innenstadt, wo sie in den unmittelbar am Wasser gelegenen Kaufmannshäusern und Kontoren umgeschlagen wurden. Beim Spaziergang oder bei einer Schifffahrt durch die typischen Fleete, Kanäle und Schleusen der Hamburger Altstadt begegnen dem Besucher heute noch viele dieser geschichtsträchtigen Häuser. Auf ganz entscheidende Weise haben sie die wirtschaftliche Entwicklung der Stadt mitgeprägt. In den Cafés, Bistros oder Restaurants, die ihre Tische und Stühle bei gutem Wetter nicht selten auf einer der zahlreichen Brücken aufstellen, lohnt sich ein längeres Verweilen. Denn hier profitiert man vom freien Blick auf das „Venedig des Nordens". Die Elbmetropole trägt diesen Beinamen zu Recht – sie besitzt nämlich nicht nur mehr Kanäle, sondern auch wesentlich mehr Brücken als die italienische Lagunenstadt. Mehr als eine Nasenlänge vorn liegt Hamburg gegenüber Venedig zudem, was italienische Gastronomie betrifft. Mit über 500 italienischen Lokalen nimmt die norddeutsche Hafenstadt sogar den deutschen Spitzenplatz ein. Schließlich möchte man auch kulinarisch seinem Ruf als Tor der Welt gerecht werden.

PETIT DÉLICE UND PETIT TRAITEUR

Restaurant Petit Délice und Bistro-Café Petit Traiteur

Inhaber: Ernst-Wilhelm Klewinghaus und Felicitas Caroline Sieversen

Große Bleichen 21
20354 Hamburg

Telefon 00 49 (0) 40 / 34 34 70
Telefax 00 49 (0) 40 / 35 01 58 73

Ruhetag: Sonntag

Das Essen war ein Gedicht: Die Körpersprache der zwei sichtlich zufriedenen Gäste beantwortet die Frage von Ernst-Wilhelm Klewinghaus, ob das Rinderfiletcarpaccio mit der Trüffelmayonnaise geschmeckt hat.

Es folgt ein kurzes, aber umso herzlicheres Gespräch, bis sich der Chefkoch und Inhaber des Petit Délice wieder dezent in seine Küche zurückzieht. Wenn es seine Zeit erlaubt, sucht er sogar nach jedem Gang den persönlichen Kontakt zu den Gästen. „Bei uns kann man sicher gehen, Chef-Service zu bekommen," hebt Klewinghaus hervor. Gemeinsam mit seiner Frau Felicitas Caroline Sieversen führt er das Restaurant und das angeschlossene Bistro Petit Traiteur in der eleganten Galleria-Passage engagiert und mit viel Herzblut.
Kaum eine Zeit, in der die beiden nicht dort anzutreffen wären. Der Arbeitstag beginnt früh, sehr früh, und endet meist erst spät in der Nacht. „Das bin ich", sagt der ambitionierte Unternehmer lächelnd und zeigt auf ein farbenfrohes Wandbild in Spachteltechnik, das einen Hahn zeigt. „Der Hahn ist ein

tolles, vor allem stolzes Tier. Er ist der Erste, der morgens kommt und der Letzte, der abends geht.“ Nicht ganz verwehren kann sich Klewinghaus gegen die augenzwinkernde Aussage seiner Frau, er sei zudem der „Hahn im Korb“. Bei 14 Mitarbeitern, die für das Paar arbeiten, hat sie da zumindest nicht ganz unrecht. Als eingeschworenes Team, eine große Familie, bezeichnet der Inhaber das Verhältnis untereinander. Dass das Personal zufrieden ist und zugleich volles Engagement zeigt, spürt letztlich auch der Gast, der stets von einem zuvorkommenden, herzlichen Service profitiert – und das sowohl im Petit Délice als auch im Petit Traiteur.

Auf der einen Seite der Küche lockt das Petit Traiteur im frischen, ungezwungenen Bistro-Ambiente mit offen zubereiteten Speisen. Das kompetente Küchenteam zaubert einfache, gute deutsche oder mediterrane Gerichte und versorgt die Gäste mit deftigen Spezialitäten aus dem Bergischen Land, der Heimat von Ernst-Wilhelm Klewinghaus. Das elegantere Petit Délice auf der anderen Seite der Küche macht seinem Namen alle Ehre. Denn die kleinen Köstlichkeiten, frisch und schnörkellos zubereitet, sind es, die dem Gast ein Lächeln auf die Lippen zaubern. Der französische Einfluss, den schon der Name des Lokals verrät, ist auch in der Speisenkarte ersichtlich – trotzdem lässt sich Klewinghaus' Stil nicht so leicht mit einem Etikett versehen: „Ich koche mit guten Produkten das, was mir Spaß macht und bei den Gästen gut ankommt – von deftigen Gerichten auf der Tageskarte bis zu feinen, aromenreichen Spitzenkreationen“, meint der Profikoch.

So unterschiedlich Konzept und Einrichtung auch sein mögen – die gemeinsame, individuelle Handschrift von Restaurant und Bistro fällt schnell ins Auge. Nicht zuletzt mag das an der Tatsache liegen, dass man sich in den Räumlichkeiten auf Anhieb wohlfühlt. Felicitas Caroline Sieversen erklärt: „Die Gasträume haben wir größtenteils nach den Prinzipien des Feng-Shui eingerichtet.“ So sind im Petit Traiteur fast

alle Elemente abgerundet, harte Ecken gibt es nicht. Helle Blau- und Grüntöne haben eine beruhigende Wirkung und laden zum Verweilen ein. Die drei voneinander getrennten Bereiche im Petit Délice – Restaurant, Fleetraum und Terrasse – bieten eine traumhafte Sicht auf das Fleet und die exklusiven Altbauten der Hamburger Innenstadt. Die große Fensterfront lässt viel Licht und Energie in die freundlichen Räume im schwarz-weißen Business-Style. Die kreativen Bilder kommen von Künstlerin Luis Garom und sorgen für warme, farbliche Harmonie.

Das Petit Délice animiert wahrlich dazu, den Moment in seiner ganzen Schönheit auf sich wirken zu lassen und sich dabei ganz den kulinarischen Genüssen hinzugeben.

Gebratener weißer Heilbutt mit glasierter Entenstopfleber, Hummersoße und grünem Spargel

ZUM ALTEN SENATOR

Auf die richtige Mischung kommt es an: Das haben sich auch die Freundinnen Maren von der Heydt und Bianca Erlwein gedacht, als sie das rustikale Wirtshaus Zum Alten Senator in einen „Neuen Alten Senator“ umgestalteten. Fassade und Interieur stehen in auffälligem Kontrast und verbinden doch Tradition und Moderne auf gelungene Art und Weise.

Mit seiner Fachwerkfassade befindet sich der Alte Senator in bester Gesellschaft, schließlich ist das Haus Teil der nach Originalplänen rekonstruierten, ältesten Straße der Hansestadt, der Peterstraße. Das von der Carl-Töpfer-Stiftung in den 1970er Jahren ins Leben gerufene Projekt soll einen Eindruck davon geben, wie die Hamburger Patrizierfamilien früher gelebt haben. Der Weg zum Restaurant erweist sich demnach als Zeitreise ins 18. Jahrhundert. Wer neugierig geworden ist und den Alten Senator betritt, wird überrascht sein, findet er sich doch wider Erwarten in der Neuzeit wieder. Eiche rustikal und schwere dunkle Sitzecken sind hellen Pastelltönen, einem modernen Design und gedämpfter Musikuntermalung gewichen. Zwei in die Wand eingelassene Bildschirme verströmen mit ihrem animierten Kaminfeuer eine warme Atmosphäre.

Als Referenz an den Namen des Lokals sind lediglich die Buntglasfenster mit den Bildern ehemaliger Hamburger Senatoren geblieben; in zwei moderne Schiebetüren eingearbeitet verlieren sie jedoch viel von ihrem angestaubten Image. Auf dem Weg zum WC begegnet dem Gast ein weiteres Relikt aus früheren Zeiten: Fast wie in einer Ahnengalerie strahlen ehemalige Stammgäste und

Restaurant Zum Alten Senator
Inhaberin: Maren von der Heydt

Neanderstraße 27 / Ecke Peterstraße
20459 Hamburg

Telefon 00 49 (0) 40 / 35 71 44 70
Telefax 00 49 (0) 40 / 34 80 95 95

Hamburger Prominente wie Heidi Kabel oder Heinz Reincke von den Wänden um die Wette.
Der Alte Senator, der nach einer Blütezeit in den 1980er und -90er Jahren abgewirtschaftet hatte, wurde mit altem Namen, aber neuem Konzept wieder ins Leben gerufen. Auf das Ergebnis ist die Inhaberin zu Recht stolz: „Wir haben die optimale Lösung gefunden, Alt und Neu sowohl im Standort als auch in der Küche zu vereinigen." Ein Blick auf die Speisekarte verrät, wovon Frau von der Heydt spricht. Neben Klassikern wie dem Wiener Schnitzel, der Hamburger Aalsuppe oder frischer Scholle findet der Gast auch anspruchsvolle, monatlich wechselnde Gerichte der neuen deutschen Küche. Köstlichkeiten wie lackierte Entenbrust mit Rhabarber-Korianderragout und Gemüsecouscous oder Rotbarbenfilet mit geschmortem Safran-Fenchel bereitet der junge Top-Koch Sven Hogenkamp täglich frisch zu. Passend zu den klassischen Gerichten, die sich unter den Gästen großer Beliebtheit erfreuen, gibt es eine kleine, handverlesene Auswahl an vorwiegend deutschen Weinen, die durch italienische, spanische und besonders französische abgerundet wird.

Heidschnuckenmedaillon unter der Kräuterkruste mit Morchelsauce

Zutaten
800 g Heidschnuckenlachse
150 g geriebenes Weißbrot
2 Eigelb
80 g Butter
Saft von 1/2 Zitrone
einige Zweige Kerbel, Estragon, Thymian
1 Knoblauchzehe
Öl, Salz und Pfeffer

Für die Morchelsauce:
50 g getrocknete Morcheln
4 Schalotten, in Würfel geschnitten
100 ml Weißwein
50 ml süße Sahne
Mehl
Salz, Muskat und Pfeffer

Zubereitung
Die Morcheln in Wasser einweichen, danach waschen und ausdrücken (den Fond aufbewahren). Mit den Schalottenwürfel in einem Topf anschwitzen, Mehl darüber stäuben, Weißwein und Morchelfond aufgießen. 5 Minuten köcheln lassen, dann die Sahne zugeben und alles nochmal kurz aufkochen lassen. Mit Salz, Pfeffer und Muskat würzen.
Die Kräuter grob schneiden und mit etwas Öl im Mixer fein pürieren. Butter, Eigelb und Weißbrot untermengen. Mit Salz, Pfeffer und Zitronensaft abschmecken.
Die Heidschnuckenlachse würzen und von allen Seiten kurz anbraten. Vorbereitete Kräuterkruste auf dem Fleisch verteilen, bei Oberhitze 8 bis 10 Minuten bei 180 °C im Ofen garen. Kurz ruhen lassen, anschließend mit Röstkartoffeln und grünem Spargel servieren.

Die Tatsache, dass es in Hamburg mehr Brücken gibt als in Venedig, mag ein Grund dafür gewesen sein, dem Restaurant den Namen „Rialto" zu geben. Das ausschlaggebende Motiv war aber wohl die eindrucksvolle, wassernahe Lage direkt am Herrengraben-Fleet. Beim Betreten der Fleetinsel lohnt sich ein kurzes Verweilen auf der historischen Michaelisbrücke, die zwar nicht in Konkurrenz mit der Rialtobrücke treten will, von ihrem Flair her jedoch Erinnerungen an die italienische Lagunenstadt heraufbeschwört. Der Blick fällt auf die Neorenaissancefassade eines historischen Wohn- und Geschäftshauses, das 1885/86 von Gustav Neidlinger errichtet wurde und im unteren Teil heute die einzigartige Location für das Rialto bietet; auch die Räumlichkeiten des benachbarten ehemaligen Kontorhauses werden von dem Restaurant mitgenutzt.

Angekommen auf der autofreien Fleetinsel vor dem einladenden Eingangsportal des Restaurants trennen den Gast nur 15 Treppenstufen von der nostalgischen Atmosphäre, die sich schon außen andeutete. Wer nach dem Abstieg einen dunklen Kellerraum erwartet, der täuscht sich, bietet doch die lange Fensterfront einen freien, atemberaubenden Blick auf das Wasser. Dunkle Holzbohlen und die historischen Sprossenfenster erinnern an vergangene Zeiten und sorgen für den speziellen Charme des Rialto. Großen Wert legen Falko Schreiber und Tim Seidel darauf, dass dieser Zustand auch erhalten bleibt: „Unser Interieur wirkt ganz von allein, ohne aufwändige Extras und Schnörkel", sind sich die beiden Inhaber einig: „Wenn abends die Kerzen auf den stilvoll eingedeckten Tischen brennen, dann ist das Romantik in Vollkommenheit."

Restaurant Rialto
Inhaber: Falko Schreiber und Tim Seidel

Michaelisbrücke 3
20459 Hamburg

Telefon 00 49 (0) 40 / 36 43 42
Telefax 00 49 (0) 40 / 36 77 01

Kein Ruhetag

Während Tim Seidel im räumlich getrennten Bar- und Restaurantbereich für das Wohl der Gäste sorgt, ist Falko Schreiber als Küchenchef für den kulinarischen Genuss verantwortlich. Auf der kleinen, zweiwöchentlich wechselnden Karte mit fairen Preisen stehen leckere Köstlichkeiten aus aller Welt. Ob traditionell deutsch (das Wiener Schnitzel ist ein beliebter Klassiker), elegant französisch, klassisch italienisch, feurig südamerikanisch oder modern asiatisch – Schreiber kocht, wozu er Lust hat, was die Gäste gerne mögen und was Saison und Region an guten Produkten hergeben. Gerne unternimmt er auch „Ausflüge in die Besonderheiten des Kochens“ und experimentiert mit speziellen Speisen. „Die Idee für die Rote Beete-Suppe mit Schokoladen-Speck-Lolli kam mir im Schlaf, die prompte Umsetzung folgte“, grinst Schreiber. Und war von Erfolg gekrönt: Die anfängliche Skepsis der Gäste verflog schon beim ersten Probieren. „Fantastisch“ lautete das einhellige, überzeugte Urteil. Für die beliebten, regelmäßig stattfindenden Winzerabende, bei denen österreichische Weinbauern ihre Rebsäfte vorstellen, kreiert der Koch zudem immer ein auf den jeweiligen Wein perfekt abgestimmtes Menü.

Ganz gleich, wohin die kulinarische Reise geht – durch die charmante Architektur und die unmittelbare Nähe zum Wasser fühlt sich der Gast in Urlaubsstimmung versetzt. Und die endet erst mit Verlassen der Insel über die Michaelisbrücke. Der wehmütige Blick zurück fällt auf die sich schemenhaft im Wasser spiegelnde Fassade des Rialto.

Entenlebermousse

Zutaten

400 g Entenleber
400 g heiße Butter
5 Eier
8 cl Cassis
8 cl Portwein rot
8 cl Rotwein
8 cl Sherry medium dry
Thymian
2 Knoblauchzehen
Pökelsalz
1 Apfel (zerkleinert)
100 g Rosinen
Salz, Pfeffer

Zubereitung

Entenleber kuttern und mit der Butter pürieren, Eier hinzugeben. Anschließend restliche Zutaten reduzieren und pürieren. Zu der Entenlebermasse geben, nochmals pürieren und passieren. In eine feuerfeste Form geben und bei 80 °C etwa 40 Minuten im Ofen garen. Dabei Backpapier auf die Oberfläche legen, um ein Austrocknen zu vermeiden.

LE BUFFET IM ALSTERHAUS

Was das Harrods für London, das Macys für New York und das KaDeWe für Berlin, das ist das Alsterhaus für Hamburg: Ein Kaufhaus der Extraklasse, das auch weit über die Stadtgrenzen, ja sogar Landesgrenzen hinaus bekannt ist und unweigerlich mit der Hansestadt assoziiert wird. Ein anspruchsvolles Angebot und der exquisite Service heben das Alsterhaus von den üblichen Warenhäusern ab. Einmalig ist zudem die Lage an der Binnenalster am bekannten Jungfernstieg. Einen besseren Standort hätte sich Gründer Oskar Tietz im Eröffnungsjahr 1912 gar nicht aussuchen können!

Schon immer war es etwas Besonderes, hier einkaufen zu gehen. Früher verdankte das Alsterhaus seinen guten Ruf der bedeutenden Stoffabteilung. Heute steht der Name für Exklusivität in allen Segmenten: Ob Mode, Schmuck, Düfte, Wäsche oder Porzellan – hier bekommt der Kunde nur das Beste vom Besten. In der vierten Etage, direkt unterm Dach, schlägt das Herz eines jeden Feinschmeckers höher. Neben Feinkost, Champagner und Porzellan lockt hier das Restaurant Le Buffet. Kein Vergleich zu anderen Kaufhausrestaurants: Den hungrigen oder nur neugierigen Gast erwartet eine Spitzengastronomie in ausgefallenem Ambiente.

Wer das offen gehaltene Le Buffet betritt, befindet sich zunächst in der „Markthalle“, dem umtriebigeren Bereich des Restaurants. Mannigfaltige Eindrücke überwältigen hier den Gast – was zuerst bewundern? Die Glaskuppel mit einer Deckenmalerei aus Tier-

Restaurant Le Buffet im Alsterhaus
Inhaber: Le Buffet System-Gastronomie und Dienstleistungs-GmbH

Jungfernstieg 16–20
20354 Hamburg

Telefon 00 49 (0) 40 / 35 71 12 46
Telefax 00 49 (0) 40 / 35 71 12 48

Ruhetag: Sonntag

kreiszeichen (rekonstruiert übrigens nach einer Zeichnung aus einem alten Schulatlas von 1912)? Die weißen Rundbögen? Oder das sich an allen Wänden entlangziehende Panoramafoto, welches den Alsterblick aus Sicht des Alsterhauses abbildet?
Wem es gelingt, frischem Fisch, Fleisch und Co. vorerst zu wiederstehen, der sollte das lukullische Buffet-Angebot erst einmal umrunden. Im ruhigeren Teil des Restaurants angekommen, kann man den Alsterblick durch die große Fensterfront nämlich live genießen – und zwar von jedem Platz aus. Zum Verweilen lädt eine gemütliche Lounge ein; in den abgetrennten Nischen is(s)t der Gast ungestört.
Damit auch das leibliche Wohl nicht zu kurz kommt, locken kleine Marktstände, die in einem Rondell angeordnet sind, mit unterschiedlichen Themenschwerpunkten. Hier gibt es einen Fleisch- und Fischgrill, eine Pasta-Bar, die asiatische Wokküche, einen Stand mit regionalen Gerichten, ein Salat- und Antipastibuffet, eine Saftbar und eine Auswahl an guten Weinen. Außerdem bietet die hauseigene Konditorei süße Leckereien wie Kuchen, Eis und Desserts an. Morgens kann man ausgiebig frühstücken. Da das Auge bekanntlich mitisst, sind sämtliche (Roh-)Produkte vor den einzelnen Ständen aufgebaut. „Nach und nach werden sie dann

mitverarbeitet", klärt Küchenchef Rudolf Haug auf, „so sehen die Gäste, dass hier alles frisch zubereitet wird."
Frische ist im Le Buffet übrigens das Zauberwort. Gegrillt wird der Fisch erst dann, wenn der Gast ihn bestellt; die asiatischen Spezialitäten stellt man sich selbst zusammen. Bei der Zubereitung besteht Mitspracherecht. Mehr Schärfe? Weniger Fett? Kein Problem, die Köche bereiten die Gerichte individuell so zu, wie es gewünscht wird. Sämtliche Beilagen zu den Gerichten sind zudem frei kombinierbar. Und damit das Ganze nicht langweilig wird, gibt es jeden Tag abgestimmt auf die Jahreszeit etwas Neues. „Unsere Gästezufriedenheit ist sehr hoch", freut sich Restaurantleiterin Brigitte Gusella, „nicht nur Touristen essen und verweilen hier, sondern auch ein großes Hamburger Stammpublikum." Das spricht eindeutig für das Le Buffet. Spätestens nach dem Essen weiß auch der letzte Zweifler, dass das Alsterhaus heute mehr denn je etwas ganz Besonderes ist.

WEINRESTAURANT KLEINHUIS

Weinrestaurant Kleinhuis
im Hotel Baseler Hof
Inhaber: Just Kleinhuis

Fehlandtstraße 26
20354 Hamburg

Telefon 00 49 (0) 40 / 35 33 99
Telefax 00 49 (0) 40 / 34 37 77

Kein Ruhetag

Ob Fisch, Fleisch, Obst und Gemüse oder Molkereiprodukte – alles, was im Weinrestaurant Kleinhuis auf den Teller kommt, hat garantiert nicht mehr als 250 Kilometer Weg hinter sich. Der Gast profitiert somit von einer sehr frischen und besonders einer regionalen Küche, deren Konzept getreu dem Motto „Ganz oder gar nicht" in der nordischen Hansestadt einzigartig ist. „Wir beziehen unsere Produkte ausschließlich aus Hamburg und dem Hamburger Umland", verrät Küchenchef Ferry Dahlmann, „dafür nehmen wir in Kauf, dass zum Beispiel weder Hummer noch Tintenfisch auf der Karte stehen. Auch Erdbeeren oder Pfifferlinge gibt es nur zu bestimmten Zeiten im Jahr. Gästen, die nach einem konkreten Produkt fragen, erklären wir einfach den Grund dafür, weshalb wir es nicht vorrätig haben. Und in der Regel akzeptieren sie es." Nicht nur das: Die Besucher befürworten sogar das konsequente und sehr aufwändige Küchenkonzept und schätzen es, dass das Kleinhuis mit seiner „Deutschen Küche von Heute" für gleichbleibende Qualität steht und nicht vom Kurs abweicht. „Genauso wie in unserem familiengeführten Hotel Baseler Hof, das bereits in dritter

Generation sein 100-jähriges Bestehen feiern konnte, halten wir mit unserem Restaurant an Traditionen fest und bleiben unserer Linie treu", erklärt Hoteldirektor Niklaus Kaiser von Rosenburg das Erfolgsrezept.
1989 als kleines Weinbistro eröffnet – seines Zeichens das erste in Hamburg – hat sich das Kleinhuis zu einem exzellenten, stilvoll eingerichteten Weinrestaurant gemausert, bei dem heute wie früher natürlich der Wein im Mittelpunkt steht. Im Angebot sind 12 000 Flaschen, 150 Positionen auf der Weinkarte, darunter 40 offene, teilweise sehr hochkarätige Tropfen: ein Paradies für Weinliebhaber, die nicht nur von der großen, handverlesenen Auswahl profitieren, sondern auch davon, viele Weine erst einmal glasweise testen zu können. Natürlich ist zudem jede Flasche käuflich zu erwerben und kann mit nach Hause genommen werden. Weiterhin ganz auf Tradition bauend und der Linie der Küche entsprechend, liegt der Schwerpunkt im Kleinhuis auf deutschen Weinen – darunter beispielsweise der Riesling – und edlen Tropfen aus der „Alten Weinwelt", sprich aus Frankreich, Spanien und Italien. Im großen Weinkeller werden regelmäßig

Winzerabende veranstaltet, bei denen Winzer ihre Weine präsentieren und Verkostungen durchführen. Diese Abende erfreuen sich sehr großer Beliebtheit; manche Teilnehmer nehmen dafür eine Anreise in Kauf, die weiter ist als die Herkunft der garantiert regionalen Produkte im Kleinhuis.

Rosa gebratene Hochrippe vom Lamm mit Kräutern, Rosmarinjus und Kartoffelküchlein

Zutaten

2 Holsteiner Lammkarrees
Salz, Pfeffer
1 Zwiebel
frischer Knoblauch, Rosmarin, Thymian
1/2 l Lammfond
25 g Butter

75 g mehlig kochende Kartoffeln
30 g Butter
75 g abgetropfter Quark
1/4 TL Trüffelöl
Salz, Pfeffer, Muskat
3 geschlagene Eiweiß

Zubereitung

Lammkarree putzen, Fett und Sehnen entfernen. Mit Salz und Pfeffer würzen. Das Lammfett bei kleiner Hitze auslassen und anschließend das Fleisch im eigenen Fett scharf anbraten. Zwiebeln, Knoblauch, Thymian und Rosmarin dazugeben, bei ca. 140 °C im Backofen 10 Minuten garen. Weitere 10 Minuten ruhen lassen, anschließend mit heißer Butter übergießen und anrichten. Für den Rosmarinjus die Pfanne mit Lammfond aufgießen, einkochen lassen und durch ein feines Sieb passieren.
Für die Kartoffelküchlein gekochte Kartoffeln, weiche Butter und Quark zu einer Masse verarbeiten. Mit Salz, Pfeffer, Muskat und Trüffelöl würzen. Kurz vor dem Backen das geschlagene Eiweiß unterheben. Im Wasserbad bei 160 °C im Ofen ca. 25 Minuten backen und danach sofort mit dem Lammfleisch servieren.

OPERA

Opern sind ein Augen- und Ohrenschmaus. La Traviata, Carmen, Così fan tutte oder die Zauberflöte sorgen in der Hamburger Staatsoper mit ihren aufwändigen Bühneninszenierungen und der eindrucksvollen Musik für das seelische Wohl. Um das leibliche Wohl muss sich der Besucher vor oder nach der Aufführung aber selbst kümmern. Wie gut, wenn dann der Weg zum nächsten Restaurant nicht weit ist. Genau genommen nur eine Straßenbreite, denn direkt gegenüber der Staatsoper befindet sich ein toller Italiener mit dem treffenden Namen „Opera" – nomen est omen. Besonders Opernfans profitieren hier von den speziell auf die Vorstellungen abgestimmten Arrangements: Vorab werden Vorspeise und Hauptgericht aufgetischt; nach Mozart und Puccini gibt es dann das Dessert. Außerdem erhält jeder, der seine Opernkarte vorzeigen kann, zehn Prozent Rabatt auf alle Speisen.

Neben den Fans von Arien und Kantaten trifft man in der Opera auf ein bunt gemischtes Publikum, das sich kulinarisch von einem hervorragenden Angebot an vorwiegend Pizza- und Pastagerichten hat überzeugen lassen. In der Mittagszeit sieht man viele Geschäftsleute aus den umliegenden Büros, die sich schon vorab durch den Newsletter des Restaurants per E-Mail über den täglich wechselnden Mittagstisch informieren können. Sonntags steht tagsüber Brunch auf dem Programm; das All-inclusive-Angebot spricht viele Familien an.

Ein Highlight sind die Besuche von Opernsängern. Ab und an gibt es dann auch eine kleine musikalische Einlage wie beispielsweise Auszüge aus Rigoletto. Wahrscheinlich als kleinen Dank für den guten Service und natürlich für das einwandfreie Essen der beiden Köche aus Kalabrien, die täglich

Restaurant Opera

Inhaber: Sasa Trifkovic

Dammtorstraße 7
20354 Hamburg

Telefon 00 49 (0) 40 / 34 12 00
Telefax 00 49 (0) 40 / 35 01 58 73

Kein Ruhetag

Hamburg

Tagliatelle Filetto

Zutaten
350 g Bandnudeln
350 g Rinderfilet
2 Bund Lauchzwiebeln (ca. 100 g)
4 EL Olivenöl
300 ml Sahne
200 g Cherrytomaten
2 Prisen Salz
1 Prise Pfeffer
Parmesan

Zubereitung
Bandnudeln in reichlich Salzwasser al dente kochen. Rinderfilet in kleine Stücke schneiden und in einer großen Pfanne mit heißem Olivenöl anbraten. Geschnittenen Lauch und Cherrytomaten zufügen. Die gekochten Tagliatelle dazugeben und bei hoher Hitzezufuhr alles gut vermischen. Abschließend Sahne unterrühren und reduzieren, bis die Sahne eine dickflüssige Konsistenz erhält. Parmesan unterheben. Alles auf einem tiefen Pastateller anrichten und mit Parmesan garnieren.

in der offenen Küche ihre Gäste verwöhnen. Die zwei Italiener ergänzen sich optimal – sogar, was ihre Namen betrifft: Settimio Bianco, der „Weiße", contra den „Schwarzen" Pino Nigri. Als wäre es abgesprochen, ist der „Helle" für den Mittagstisch zuständig und der „Dunkle" für das Abendessen. Welch ein schöner Zufall!
Seit fast zehn Jahren kochen die beiden nun schon gemeinsam für das Restaurant. „Und genau das ist unser Erfolgsrezept. Man sollte möglichst wenig verändern, wenn die Gäste zufrieden sind. Der Wiedererkennungswert und das gleichbleibend gute Essen sind unschlagbare Argumente. Ihnen verdanken wir es, dass wir viele Gäste auch über lange Zeiträume immer wieder bei uns begrüßen dürfen," so Inhaber Sasa Trifkovic, dem zudem seit vielen Jahren die bekannte, sehr erfolgreiche Cocktailbar Meyer-Lanskys in der Innenstadt gehört. Kurz und gut: Im Opera erlebt man garantiert nie unangenehme Überraschungen. Am Ende bleibt nur noch die Frage offen, ob Tannhäuser oder Schwanensee nicht nur ein Vorwand sind, um mal wieder im Opera einzukehren ...

ENTLANG DER ELBE:
VON DEN VIER- UND MARSCHLANDEN BIS NACH BLANKENESE

Auf ihrem langen Weg vom Riesengebirge bis in die Nordsee passiert sie manch pittoresken Landstrich und manch schöne Stadt. Die abwechslungsreichsten, farbenfrohesten Eindrücke sammelt sie aber in der Hansestadt Hamburg, die Elbe.

Der Standort am großen Fluss ist für Wirtschaft und privates Wohnen gleichermaßen beliebt. Magischer Anziehungspunkt ist er zudem für Gastronomieeinrichtungen verschiedenster Couleur. Die kulinarische Vielfalt erleben wir auf unserer Reise entlang der Elbe.

In den Vier- und Marschlanden im Hamburger Osten prägen Gemüse- und Schnittblumenanbau das von Nebenarmen der Elbe durchzogene Landschaftsbild. Hier begegnen uns Hofläden, die leckere Tomaten, Paprika, Gurken und herrlich duftende Blumen feilbieten. Auch mit gutem Geflügel werden die Hamburger versorgt. Die berühmte Vierländer Ente oder das Vierländer Stubenküken sind Klassiker der hanseatischen Küche und in ihrem Geschmack unerreicht.

Unsere Reise führt uns weiter Richtung Westen, wo wir zunächst in der historischen Speicherstadt auf riesige Backsteingebäude

treffen, die sich entlang der Fleete reihen. Ende des 19. Jahrhunderts eröffnet, stapeln sich im größten zusammenhängenden Lagerhauskomplex der Welt auch heute noch Kaffee, Tee, Gewürze und Orientteppiche. Seit einiger Zeit trifft diese so gut erhaltene Tradition auf eine Moderne in großem Ausmaß. Denn auf dem ehemaligen Hafengelände der Speicherstadt erweitert sich Hamburg um einen gesamten Stadtteil, die HafenCity. Das zur Zeit wohl größte Städtebauprojekt Europas ist nicht nur Besuchermagnet, sondern lässt beständig junge, innovative Gastronomie aus dem Boden sprießen.
Ein kurzer Zwischenstopp wird im Portugiesenviertel eingelegt. Hier säumen zahlreiche portugiesische Restaurants, Cafés und Pastelarias die engen Straßen. Es geht weiter zu den Landungsbrücken mit den traditionsreichen Fischlokalen und solchen, die es werden wollen. Nur erahnen lässt sich von diesem Standort aus die Größe des Hamburger Hafens. Deutschlands größter Seehafen und Europas zweitgrößter Containerhafen zieht jedes Jahr Millionen von Besuchern an. Große Veranstaltungen wie der Hafengeburtstag oder das bunte Treiben um das

größte Passagierschiff der Welt, die „Queen Mary 2“, steigern die Attraktivität des Hafens noch um ein Vielfaches. Viel Trubel herrscht am „Nerv der Stadt“ aber auch an jedem anderen Tag, löschen doch etwa 12 000 Schiffe jährlich hier ihre Ladung. Darunter befinden sich zahllose kulinarische Produkte, die aus über 90 Ländern weltweit eingeschifft werden. Wenig verwunderlich ist es daher, dass sich rund um das Terrain des Fischmarktes viele Großhändler angesiedelt haben, die ihre Ware frisch, frischer, am frischesten anbieten. Auch so manch feines Restaurant nutzt die hafennahe Lage, um die Gäste mit fangfrischem Fisch, Meeresfrüchten und anderen Leckereien zu verwöhnen.

Über eine der bekanntesten Straßen Deutschlands, die Elbchaussee, führen wir unsere kulinarische Entdeckungstour gen Westen fort. Die rund neun Kilometer lange Prachtstraße wird von imposanten Villen umrahmt – vorzügliche Gourmetrestaurants dürfen da natürlich nicht fehlen. Etwa bei Kilometer vier lohnt eine Erholungspause in Oevelgönne, wo liebevoll gepflegte Lotsenhäuser den unverwechselbaren Landstrich direkt am Elbstrand säumen. Hier befindet sich auch die „Strandperle“, Hamburgs berühmtester Kiosk. Ob alt oder jung, arm oder reich, wer „in“ sein will, trifft sich dort bei schönem Wetter.

Die Elbchaussee „mündet“ in den malerischen Vorort Blankenese, wo sich Hamburg mit wohlhabender Eleganz und traditionsbewusstem Understatement von seiner schönsten Seite zeigt. Das ursprüngliche Fischerdorf an der Elbe ist von kleinteiliger Bebauung an Hängen geprägt und erinnert mit kleinen Gassen, Treppen und Häuschen an einen Ort am Mittelmeer. Während die Elbe weiter über das Alte Land in Richtung Nordsee fließt, lassen wir unsere Reise in einem der guten Blankeneser Restaurants Revue passieren.

GÄRTNEREI UND HOFLADEN STENDER

Gärtnerei und Hofladen Stender
Inhaber: Familie Stender

Tatenberger Deich 154
21037 Hamburg

Telefon 00 49 (0) 40 / 73 73 42 7
Telefax 00 49 (0) 40 / 73 43 09 71

Ruhetag: Montag

Nach den Gesetzen der freien Marktwirtschaft bestimmt die Nachfrage das Angebot. Im Idealfall bedeutet dies, dass immer genau das angeboten wird, was die Konsumenten brauchen und verlangen. In nahezu vollkommener Weise praktiziert dies Familie Stender: Im eigenen Hofladen in den Hamburger Vier- und Marschlanden, idyllisch direkt am Elbdeich gelegen, hat man für sämtliche Wünsche und Anregungen der Kunden stets ein offenes Ohr.
Ursprünglich in einer kleinen Scheune eröffnet und mit den hofeigenen Erzeugnissen bestückt hat der Familienbetrieb nicht nur seine Produktpalette enorm erweitert, sondern seit einiger Zeit auch den Standort in das benachbarte, größere Ladengeschäft verlegt. Eine nötige Veränderung, wenn man Kundenwünschen stets nachgeht. Häufige Fragen wie „Haben Sie nicht auch ... ?“ oder „Gibt es bei Ihnen nicht auch ... ?“ nehmen die Stenders ernst. Mit der Zeit ist dadurch das Angebot gewachsen und hat sich mehr und mehr zu etwas ganz Besonderem mit persönlicher Note entwickelt. Viele zugekaufte Produkte kommen ebenfalls von landwirtschaftlichen Familienbetrieben.
Im Hofladen Stender erhält der Kunde z.B. sämtliche Obstsorten, auch exotische. Es gibt ausgesuchten Wein, regionale Milch-

produkte, Wurst, Schinken, Eier, Honig, sündhaft leckere Bonbons und selbstgemachte Konfitüren, Gelees, Liköre und Fruchtsäfte. Hausgemacht sind zudem die frischen Kuchen, die am Wochenende mit „Kaffee satt" in rustikal-authentischer Atmosphäre genossen werden können. Auch hier hat man der steigenden Nachfrage nachgegeben – die Kuchen haben sich zu einem Verkaufsschlager entwickelt und sind aus dem Sortiment nicht mehr wegzudenken.

Gleiches gilt für das frische Gemüse und die Blumen, die selbst angebaut werden und unerlässliche Grundlage des Hofladenverkaufs sind. Der Kunde bekommt diverse Sorten an Tomaten, Kartoffeln, Paprika, Zucchini, (Schmor-)Gurken, Salat, Kräutern und Gewürzen. Eine Besonderheit sind die beliebten „Vierländer Krause"-Tomaten mit einem den Fleischtomaten ähnelnden, saftig-fruchtigen Aroma. Ausgefallen ist auch die Kartoffelsorte „Laura" mit roter Schale, die mit ihrer Festigkeit punktet. Abgerundet wird das Angebot durch diverse Frühjahrsblumen, Beet- und Balkonpflanzen und im Herbst durch (Zier-)Kürbisse oder Stauden. Auf diese Produkte hat sich der ehemals

kleinbäuerliche Betrieb mit stetiger Erweiterung seit nunmehr fünf Generationen spezialisiert. Vier von ihnen arbeiten heute noch gemeinsam auf dem Hof. Großeltern, Eltern, Kinder und Enkelkinder leben bei den Stenders unter einem Dach. Durch Arbeitsteilung trägt jeder auf seine Weise zum Erfolg des Betriebes bei. Oma Minna kümmert sich mit unerschütterlicher Begeisterung um Kräuter und Gurken. Vater Günter ist für den Einkauf auf dem Großmarkt zuständig. Sein Revier ist darüber hinaus der Laden, wo ihn seine Frau Silvia unterstützt. Außerdem fallen das Einkochen der Konfitüren und das Backen der Kuchen in ihr Aufgabengebiet. Während sich Schwiegertochter Anne-Kathrin um die Auswahl und den Zukauf aller weiteren Produkte kümmert, hat Sohn Torsten die landwirtschaftlichen Aufgaben übernommen und koordiniert zudem sämtliche Arbeitsabläufe. Auch der vierjährige Enkel Johannes ist schon mit großem Eifer dabei und unterstützt die Familienmitglieder tatkräftig.

Das Ergebnis all dieser Bemühungen ist ein funktionierender Familienbetrieb, der mit Sicherheit noch viele weitere Generationen erfolgreich bestehen wird. An neuen Ideen soll es dabei nicht fehlen. Dafür sorgen schließlich die vielen zufriedenen Kunden, die immer wieder die eine oder andere Anregung mitbringen. Aktuelle Wünsche sind Brot, Tee oder Nudeln. Da ist es nur noch eine Frage der Zeit ... Die Nachfrage bestimmt bekanntlich das Angebot.

Restaurant Elbgarten
im Hotel Holiday Inn Hamburg

Billwerder Neuer Deich 14
20539 Hamburg

Telefon 00 49 (0) 40 / 78 84 00
Telefax 00 49 (0) 40 / 78 84 10 00

Kein Ruhetag

Ein fröhliches Stimmengewirr dringt durch den lichtdurchfluteten Gastraum im Restaurant Elbgarten. Wer genau hinhört, wird nicht nur kurzweilige Unterhaltung in deutscher Sprache vernehmen. Ein englisches „Very delicious" beantwortet die Frage einer Bedienung, ob das Essen geschmeckt habe. Bei französischen Gästen erklingt ein „Merci beaucoup", als ihnen die Getränke eingeschenkt werden. „Ni Hao" wünscht eine Gruppe von Chinesen, die gerade das Restaurant betritt.

Auf Gäste aus aller Welt hat sich das Restaurant in der ersten Etage des Hotel Holiday Inn Hamburg bestens eingestellt. Ein Blick auf die Speisekarte offenbart eine stimmige internationale Auswahl an Gerichten, die keine Wünsche – ganz gleich für welche Nationalität – offen lässt. Zubereitet werden die kulinarischen Köstlichkeiten von Küchenchef Thomas Ebel und seinem Team in der offenen Showküche des Elbgarten. Auf mediterrane, asiatische und amerikanische Einflüsse kann sich der Gast hier genauso freuen wie auf traditionell deutsche, sogar hanseatische Gerichte. Klassiker sind das beliebte Wiener Schnitzel oder das Holiday Inn Club Sandwich. Wer es etwas feiner und exklusiver mag, der bestellt das Rinderfilet in Pfefferrahmsauce auf getrüffeltem Kartoffelpüree oder den Red Snapper an Basilikumschaum mit provenzalischem Gemüse und Gnocchi. Das breit gefächerte Weinangebot lässt für jedes Gericht schnell den passenden Begleiter finden.
Ganz auf ein internationales Publikum ausgerichtet, wird das Servicepersonal regelmäßig auf die Gegebenheiten fremder Kulturen geschult. Ziel ist es dabei, allen Ansprüchen, Wünschen und Esskulturen bestens gerecht zu werden.
Wer im Elbgarten diniert, profitiert zudem von einer atemberaubenden Aussicht auf

die Elbe mit Booten, Schleppern und Barkassen. Außerdem ist die parkähnliche Halbinsel Entenwerder ein Anziehungspunkt. Möchte man seinen Blick noch weiter über die Millionenstadt Hamburg schweifen lassen, dann bleibt man am besten über Nacht im Hotel – zum Beispiel mit einem im Internet ersteigerten, speziellen Candlelight-Arrangement, welches die Übernachtung beinhaltet. Im achten, elften, 15. oder gar 17. Stockwerk liegt den Gästen dann die Elbmetropole mit angrenzendem Hafen und der HafenCity, aber auch Michel, historischer Altstadt und Co. zu Füßen. Da werden Franzosen, Engländer, Araber, Asiaten, selbst Hanseaten gleichermaßen schwach. Diese traumhafte Aussicht sorgt mit Sicherheit für erholsamen Schlaf. Dazu trägt wohl auch die Vorfreude auf das reichhaltige Frühstücksbuffet im Restaurant Elbgarten bei.

Hamburger Pannfisch auf moderne Art

Zutaten

500 g Fischfilet (helles und festes Fleisch)
800 g fest kochende Kartoffeln
4 Zwiebeln
2 TL körniger Pommerysenf
Zitronengras
1 Zweig Koriander
1 Paket Zuckerschoten
1/2 l Fischfond
1/4 l Sahne
0,1 l Weißwein
Butter, Salz, Pfeffer

Zubereitung

Kartoffeln in 1 cm dicke Scheiben schneiden (Durchmesser etwa 5 cm). In kochendem Wasser bissfest blanchieren, dann in Eiswasser abschrecken und trocknen. Fischfilets der Kartoffelscheibengröße anpassen. Zwiebeln schälen und in feine Streifen schneiden. In Butter goldgelb anschwitzen, abkühlen lassen, dann mit Senf, Salz und Pfeffer abschmecken. Auf einem gebutterten Backblech kleine Türmchen aus Kartoffeln, Zwiebeln, Fisch usw. bilden, bis drei Kartoffellagen entstanden sind. Mit Holzspießchen fixieren und im vorgeheizten Backofen bei 180 °C für 25 Minuten garen.
Für die Soße Fischfond, Sahne, Weißwein, Koriander sowie klein geschnittenes Zitronengras zusammen einkochen. Die noch warme Soße mit 1 EL Butter binden.
Den Pannfisch mit zwei Türmchen in der Mitte des Tellers anrichten, Soße angießen und an den Seiten warme Zuckerschoten platzieren. Als Dekoration passen Korianderblätter und kleine Nocken vom Pommerysenf.

HUMMER PEDERSEN

Hummer Pedersen

Inhaber: Joachim Niehusen

Große Elbstraße 152
22767 Hamburg

Telefon 00 49 (0) 40 / 38 16 17
Telefax 00 49 (0) 40 / 38 92 66 3

Ruhetag: Sonntag

Mit seiner charakteristischen roten Farbe, die er erst im Kochtopf erhält, ist er gleichermaßen Blickfang wie kulinarisches Highlight auf jeder festlichen Tafel – der Hummer. Was heute als die Fischdelikatesse schlechthin gilt, war vor 200 Jahren noch Dünger für die Felder und Futter für die Tiere. Erst später ist man auf den Geschmack des zartweißen Fleisches gekommen.

In Deutschland hat Frederik Carl Christian Pedersen die Meeresfrüchte populär gemacht. Mit seinem Spezialhaus für lebende Hummer, der Firma Pedersen Schiffsproviant, die er 1879 gründete, war er der erste deutsche Hummerhändler. Den Betrieb gibt es heute

noch: Ohne die Tradition aus den Augen zu verlieren, führt Inhaber Joachim Niehusen Hummer Pedersen zeitgemäß weiter und wird nicht nur der steigenden Nachfrage, sondern auch den stetig wachsenden Ansprüchen gerecht. Während Pedersen noch von den Hummervorkommen in der Nordsee profitieren konnte, muss Niehusen seine Krustentiere aufwändig aus Kanada importieren. „Die Logistik des Transportes und der Lebendhaltung in Spezialbecken erfordert großen Aufwand", erklärt der Großhändler, „ein Hummer muss schließlich lebend gekocht werden, sonst leidet sein Geschmack darunter."

Hummer Pedersen liefert jedoch nicht nur Hummer an die Gastronomie, sondern sämtliche Delikatessen, die Süß- und Salzwasser weltweit hergeben. Bei den Meeresfrüchten sind das unter anderem Langusten, Fluss- und Taschenkrebse, Austern oder diverse Muschelarten. Außerdem werden – neben den bekannten Fischarten – außergewöhnliche Edelfische wie Mahi Mahi oder Drachenköpfe angeboten. Die meisten Fische stammen aus Wildfang und nicht aus einer Aufzucht.
Ihre Frische und Vielfalt war für Niehusen und seine Frau Daniela ein Argument, zusätzlich ein Bistro zu eröffnen. Warum sollen wir nicht zeigen, was wir zu bieten haben? Warum sollen wir unseren Gastronomiekunden und Privatpersonen nicht die Möglichkeit geben, unser Angebot schon fertig zubereitet zu testen? Warum sollen wir zudem unsere attraktive Hafenlage nicht für uns nutzen?
All diese Überlegungen resultierten schließlich darin, dass seit 2003 in Hummer Pedersens Bistro frischer Hummer, Seeteufel, Red Snapper und Co. vor den Augen der Gäste lecker und schnell zubereitet werden. Zwischen 11 und 17 Uhr sucht man sich am offenen Tresen seinen Favoriten aus dem lukullisch-maritimen Angebot aus, um ihn dann frisch gegrillt an Stehtischen oder auf Sitzbänken (in hummerroter Farbe) zu genießen. Wie wär's mit ein paar Austern vorweg oder einem Glas erlesenen Weines zur Geschmacksunterstützung? Die anspruchsvollen Kunden lieben nicht nur die hervorragende Qualität zu fairen Preisen, sondern auch die locker-lässige und vor allem authentische Atmosphäre.
Den durchschlagenden Erfolg seines Bistros versucht Niehusen so zu erklären: „Wir verkaufen und verarbeiten nur das, wovon wir etwas verstehen, den puren Fisch." Und von dem versteht Hummer Pedersen sehr viel. Gemeinsam mit einer frischen, leicht salzigen Brise, die von der Elbe herüberweht, schmeckt man das mit jedem Bissen.

Hummersalat mit Melone und Prinzessbohnen

Zutaten

400 g Hummerfleisch
100 g Prinzessbohnen
4 Champignons
1 Tomate
20 g rote Zwiebeln
1/2 Kopf Eisbergsalat
100 g Honigmelone
1 cl Sherry
1 cl Traubenkernöl
Salz und Pfeffer

Zubereitung

Die Bohnen im kochenden Wasser 2 Minuten blanchieren, dann in Eiswasser abschrecken. Die Pilze waschen und in Scheiben schneiden. Tomate enthäuten, entkernen und in Würfel schneiden. Die Melone in etwa 1 cm große Würfel schneiden und die Zwiebel sowie den Salat in Streifen schneiden.
Essig und Öl vermischen, unter Salat, Champignons und Zwiebeln rühren. Das Hummerfleisch zerkleinern und mit Tomate, Melone sowie halbierten Bohnen mischen, dann auf Tellern anrichten. Mit Salz und Pfeffer abschmecken.

CHILLI CLUB

Chilli Club

Inhaber: Sandtorkai GmbH

Am Sandtorkai 54
20457 Hamburg

Telefon 00 49 (0) 40 / 35 70 35 80
Telefax 00 49 (0) 40 / 35 70 30 99

Kein Ruhetag

Aus drei mach eins: Restaurant, Bar und Lounge – der Chilli Club vereint diese Bereiche unter einem Dach. Ergebnis ist ein einzigartiges Gastronomiekonzept, dessen Standort seinesgleichen sucht. Zukunftsweisend, außergewöhnlich und kosmopolitisch sollte die Location des ersten Chilli Clubs in Deutschland sein. Kein Zweifel, die Magellanterrassen in der HafenCity erfüllen diese Kriterien. Hamburg erweitert sich derzeit um einen gesamten Stadtteil, der schon heute mit der Nähe zur Speicherstadt, dem Hafen und der Elbe zu den Top-Adressen der Hansestadt gehört. Der Chilli Club hat als erster Gastronomiebetrieb die Lage für sich genutzt und konnte die Anwohner und Geschäftsleute aus den umliegenden neuen Gebäuden genauso für sich gewinnen wie ein bunt gemischtes Publikum aus ganz Hamburg. Die Gäste kommen aus ganz unterschiedlichen Gründen – für ein lecker-leichtes asiatisches Essen im Restaurant, für einen köstlichen Cocktail an der Bar oder zum Chillen in der Lounge. „Ganz gleich, welches Angebot unser Gast nutzt, wir möchten ihm einen schönen Abend bereiten“, umreißt Geschäftsführer Michael Meier seine Zielsetzung. Auf der kulinarischen Seite unterstützt dies Küchenchef Helmut Geist, der mit seiner asiatischen Küche den anspruchsvollen Gaumen verwöhnt. Convenience und Geschmacksverstärker sind für ihn Fremdworte; stattdessen setzt er auf täglich frische, leichte und gesunde Zutaten. Hier kommt der Name des Lokals ins Spiel – „Chil(l)i“ lässt scharfes Essen erwarten. Das stimmt nicht ganz: Die Gerichte gibt es normal gewürzt und in drei Schärfestufen, die in der Speisekarte deklariert sind. Wem das nicht reicht, der kann mit dem hauseigenen Chiliöl selbst nachschärfen. Aber Vorsicht, ein bis zwei Tropfen genügen selbst den Hartgesottensten. „Wer hier scharf essen will,

der kann das natürlich. Viele Gerichte verlassen unsere Küche aber auch – gerade weil der Frauenanteil unter den Gästen sehr hoch ist – in der milderen Variante", weiß Küchenchef Helmut Geist.
Die Innenausstattung des Chilli Club charakterisiert zeitlose asiatische Eleganz; es herrscht eine klare Linie, in der die Farben Rot und Schwarz dominieren. Durch dünne Metallketten werden die offenen Bereiche mit insgesamt 120 Sitzplätzen räumlich voneinander getrennt. Wer möchte, kann natürlich auch auf der Terrasse mit weiteren 120 Sitzplätzen den Tag oder auch den Abend bei einem Glas Wein und einem traumhaften Sonnenuntergang genießen.

Tom-Ka-Kai Suppe

Zutaten für 8 Personen
1 Chilischote, rot
je 1 Zwiebel, Zucchini, Karotte, Sellerie
3 Limonenblätter (asiatischer Markt)
1 Knolle Ingwer
1 Bund Pak-Choi (asiatischer Markt)
3 Knoblauchzehen
500 g Hähnchenbrust
500 ml Gemüsebrühe
je 1 Tüte Gewürzpaste „Tom-Ka-Kai" und „Tom-Yum-Paste" (asiatischer Markt)
1 EL Zitronengras
500 ml Kokosmilch
50 g Sojasprossen
frischer Koriander, Thai-Basilikum (asiatischer Markt)
Salz, Zucker

Zubereitung
Die Chilischote der Länge nach aufschneiden und entkernen, dann in feine Streifen schneiden. Sorgfältig die Hände waschen.
Gemüse, Limonenblätter, Ingwer, Pak-Choi und Knoblauch in kleine Stücke schneiden. Die Hähnchenbrust in Streifen schneiden, mit Zwiebeln, Chili und Knoblauch in einem Topf mit etwas Pflanzenöl garen, nach Geschmack salzen. Den Topf von der Kochstelle nehmen und warm halten. Das restliche Gemüse in Pflanzenöl andünsten, mit Brühe auffüllen und bissfest garen. Danach Fleisch, Pasten, Zitronengras und Kokosmilch hinzugeben und das Ganze etwa 20 Minuten unter Rühren köcheln lassen. Mit Salz und Zucker abschmecken.
Tom-Ka-Kai Suppe in tiefen Tellern oder asiatisch in Schalen servieren und mit Sojasprossen, Koriander und Thai-Basilikum dekorieren.

TAFELHAUS

Restaurant Tafelhaus
Inhaber: Christian Rach

Neumühlen 17
22763 Hamburg

Telefon 00 49 (0) 40 / 89 27 60
Telefax 00 49 (0) 40 / 89 93 32 4

Ruhetag: Sonntag

Man nehme eine hervorragende Küche, die außergewöhnliche kulinarische Kreationen zaubert, in Verbindung mit einem atemberaubenden Blick auf die Elbe und den Hafen, füge ein stilvolles, geradliniges Ambiente hinzu, würze alles mit einem erstklassigen Service und schmecke das Ganze zu guter Letzt mit einem Michelin-Stern ab. Das Ergebnis kann sich sehen lassen: Das Tafelhaus gehört seit vielen Jahren zu den besten Adressen in der Hansestadt; der Name ist mittlerweile ein feststehender Begriff. Mit Umzug des Restaurants in unmittelbare Elbnähe im Jahr 2004 hat Inhaber und Chefkoch Christian Rach noch einen obendrauf gesetzt und dem Tafelhaus seinen unverwechselbaren Charakter verpasst. Riesige Panoramafenster machen das Speisen zu einem Erlebnis, denn schließlich hat der stark frequentierte Hafen mit den vielen ein- und auslaufenden Schiffen und Schlepperbooten einiges zu bieten – Hamburg-Feeling pur!
Architektonisch ist alles auf den Blick zum Wasser ausgerichtet, so dass jeder Platz auch freie Sicht gen Elbe zulässt. Die Einrichtung verfolgt eine schlichte, klare Linie mit Rosenholz, Granit und holzvertäfelten Wänden, aber bewusst ohne viele Extras wie beispielsweise Blumen: Schließlich soll nichts von der Aussicht ablenken.
Und natürlich auch nicht vom Essen (selbst die Köche genießen hier übrigens den Blick auf die Elbe). Der mehrfach ausgezeichnete Starkoch Christian Rach ist ein, vielleicht sogar der Grund, warum die Gäste auch von

weit her anreisen. Außergewöhnlich mag man seinen Stil nennen, Traditionelles mit modernen Einflüssen in bisher unbekannter Manier zu kombinieren und mit speziellen Gewürzen zu einem individuellen Geschmackserlebnis werden zu lassen. Da trifft zum Beispiel ein Holsteiner Reh auf Apfel-Armen Ritter und Holunderblütensoße oder ein gegrillter Kalbsrücken auf Calamaretti. Ein guter Wein gehört natürlich dazu. Das Tafelhaus hat seinen Schwerpunkt auf deutsche Rieslinge und Rotweine aus dem Bordeaux gelegt, die es von ausgewählten kleineren Weingütern bezieht.
Wer bei Veranstaltungen seinen Gästen einen unvergesslichen Abend bieten möchte, der kann den angeschlossenen „Elbraum“ für bis zu 65 Personen mieten und von der Küche des Tafelhauses profitieren. Den freien Blick in erster Reihe auf die Erlebniswelt Hamburger Hafen bekommt man gratis dazu.

Saibling aus dem Kreidesee von Frau Pöpke mit Spargel und Pfifferlingen

Zutaten
2 kleinere oder 1 großer Saibling
16 Stangen Spargel
200 g Pfifferlinge
4 EL Sahne
1 Knoblauchzehe
1 Zitrone
je 1 Zweig Basilikum, Estragon, Thymian, Rosmarin, Petersilie
1 Schalotte
8 Oliven
Olivenöl
Weißbrot (Kastenform)
1 EL Butter
Salz, Pfeffer, Sezuan-Pfeffer
brauner Zucker

Zubereitung
Die Saiblinge filieren und in acht gleich große Stücke schneiden. Saiblingsabschnitte mit Sahne, Zitronenabrieb, Knoblauch, Salz, Pfeffer und etwas Estragon und Basilikum zu einer streichfähigen Farce pürieren.
Das ganze Weißbrot der Länge nach etwa 1,5 cm dick aufschneiden und unter Wasserdampf weich machen. Auf Frischhaltefolie immer zwei Scheiben aufeinander legen und mit der Saiblingsfarce dünn bestreichen. Dann vier der Saiblingsstücke auflegen und fest zusammenrollen. Diese in Butterschmalz goldbraun ausbraten.
Die restlichen Saiblingsstücke vor dem Braten einige Stunden in eine leichte Beize aus grobem Meersalz, braunem Zucker, gehackten Kräutern (Petersilie, Basilikum, Estragon), Zitronenabrieb, Sezuan-Pfeffer und Knoblauch legen.
Pfifferlinge säubern und mit fein geschnittenen Schalotten, Thymian, Rosmarin und Oliven in Olivenöl anschwitzen. Erst zum Schluss salzen und pfeffern, da die Pilze ansonsten sehr wässrig werden. Alles zusammen mit frischem Spargel servieren.

FRISCHEPARADIES GOEDEKEN

FrischeParadies Goedeken

Große Elbstraße 210
22767 Hamburg

Telefon 00 49 (0) 40 / 38 90 80
Telefax 00 49 (0) 40 / 38 90 81 10

Ruhetag: Sonntag

Frisch, frischer, FrischeParadies – der Spezialmarkt und Lieferant für feinste Lebensmittel hat einen hohen Anspruch an sich selbst. Insoweit es möglich ist und die Delikatessen es erfordern, liegen Fisch, Fleisch, Obst und Gemüse hier tagesfrisch – und um das Wortspiel fortzusetzen – paradiesisch frisch auf 700 Quadratmetern für den Kunden bereit. Seine 4500 ausgesuchten Artikel bezieht das FrischeParadies aus aller Welt. Ob Kängurusalami, Straußensteaks, Papageifisch oder Hammerhai, ob Bisonfleisch, Käsemarmelade oder thailändisches Gemüse – die Auswahl ist enorm, international und sehr ausgefallen, auch was das Sortiment an feinen Ölen und Essigen, frischer Pasta, Brot und Weinen oder Spirituosen betrifft. Erklärtes Ziel des

deutschen Marktführers ist es, immer wieder (als Erster) neue, qualitativ hochwertige Produkte anzubieten und sich damit deutlich von der Konkurrenz abzusetzen.
Viele der exotischen Lebensmittel sind erklärungsbedürftig. Oder wissen Sie, was Gailan oder Pomelos sind? Das FrischeParadies legt aus diesem Grund Wert auf geschultes Personal, das die Fragen der Kunden gern beantwortet. Für die Weinberatung stehen gleich zwei Sommeliers, Martin Veselsky und Brigitte Budweg, zur Verfügung. Gelernte Köche sind für den Telefonverkauf und die Belieferung der Gastronomie, die Kernkompetenz des Unternehmens, zuständig. Die Mitarbeiter können daher gute Tipps rund um den Einkauf der Gastronomen geben. Gleich zweimal am Tag werden die Bestellungen mit hauseigenen Transportern ausgeliefert. Dass unter den Restaurants viele Spitzenhäuser und Profiköche sind, spricht für den hohen Qualitätsanspruch, den das FrischeParadies täglich erfüllt. Für die Endverbraucher schafft dieser Faktor zudem Vertrauen und vermittelt Kompetenz.
In den SB-Markt an der Großen Elbstraße kommt man aber nicht allein, um besondere Produkte zu kaufen, sondern auch um diese vor Ort im hauseigenen Bistro zu probieren. Viele genießen es, den Einkauf mit einem guten Essen zu verbinden und lassen sich von Chefkoch Kay Lederer gerne verwöhnen. Im Bistro mit der offenen Küche, dem Herzstück des FrischeParadieses, bekommt der Gast alles, was der Markt hergibt – auch neue Produkte, zu denen Zubereitungstipps gleich mitgeliefert werden. Beliebte Klassiker sind die Garnelen- und die Jakobsmuschelpfanne, die mit ihrem köstlichen Duft auch die Kunden anlocken, die eigentlich nur einkaufen wollten. Wem das Angebot der Tageskarte nicht ausreicht, der kann sich in den Regalen etwas aussuchen und hier mit Raffinesse zubereiten lassen. Auch Weine aus dem Sortiment genießt man auf Wunsch vor Ort gegen ein Korkgeld. Für Veranstaltungen kann man das Bistro sogar mieten; regelmäßig finden darüber hinaus individuelle Kochkurse statt.
Die fehlenden Fenster und die stets etwas kühle Temperatur, die Umgebung zwischen Einkaufswagen und Kühlregalen macht den ganz speziellen Flair des Bistros aus. Denn hier sitzt man mitten im Geschehen, kann sehen und erleben und fühlt sich wie im Paradies – einem FrischeParadies.

Thunfischsteak im Sesammantel

Zutaten
4 Thunfischsteaks à 200g
Salz und Pfeffer
1 Zitrone
200 g Blattsalat (nach Wahl)
100 g eingelegter Ingwer
1 Tube Wasabi
Sojasauce
200 g Sesam weiß
200 g Sesam schwarz

Zubereitung
Die Thunfischsteaks salzen und pfeffern, mit Zitrone beträufeln und ca. 10 Minuten ziehen lassen. Den gewaschenen Salat auf den Tellern anrichten und mit einem Dressing nach Wahl marinieren.
Die Sojasauce, den Ingwer und die Wasabi-Paste in kleine Schälchen füllen und auf die Teller geben. Den Thunfisch im Sesamgemisch von beiden Seiten wenden. Die Pfanne heiß werden lassen, Olivenöl hinzugeben und den Fisch von beiden Seiten 1–2 Minuten braten. Dann den Thunfisch in 1 cm dicke Scheiben schneiden und auf Tellern anrichten.

WEINWIRTSCHAFT KLEINES JACOB

Weinwirtschaft Kleines Jacob
im Hotel Louis C. Jacob
Inhaber: Familie Rahe

Elbchaussee 401–403
22609 Hamburg

Telefon 00 49 (0) 40 / 82 25 55 10
Telefax 00 49 (0) 40 / 82 25 59 44 4

Ruhetag: Dienstag

Wenn man in Hamburg vom „Jacob“ spricht, dann ist eine weitere Erklärung meist unnötig. Mit dem exzellenten Hotel – eines der besten in Deutschland –, dem renommierten Sternerestaurant und der berühmten Lindenterrasse ist das traditionsreiche Haus auch über die Grenzen der Hansestadt hinaus bekannt. Dazu trägt aber noch ein weiterer, nicht minder bedeutender „Jacob“ bei. Gegenüber dem Hotel Louis C. Jacob und von diesem nur durch die berühmte Elbchaussee getrennt liegt die Weinwirtschaft Kleines Jacob. Was Qualitätsanspruch und Service betrifft, steht das Kleine Jacob seinem großen Bruder, dem Jacobs Restaurant, in nichts nach und profitiert auch schon mal von Weinempfehlungen des Chef-Sommeliers Hendrik Thoma.

Ansonsten verfolgt die Weinwirtschaft ihr eigenes Konzept. Dass es hier ungezwungen zugeht, verraten schon die Karikaturen der gesamten Familie Jacob, denen Künstler Werner Zganiacz augenzwinkernd rote Nasen verpasst hat. Im ehemaligen Kutscherhaus ist die Stimmung locker und entspannt – durch viele Theater- und Operngäste auch noch am späten Abend. Ein attraktives Arrangement ist der „Theaterschmaus“, der vor und nach dem Kulturprogramm mit gutem Essen und korrespondierenden Weinen für einen rundherum schönen Abend sorgt. In der offenen Showküche zaubert Küchenchef Andreas Marquardt mediterrane und regionale Köstlichkeiten, die der Gast in uriger Gemütlichkeit an rustikalen Holztischen genießt. Die unkomplizierten Speisen sind ganz auf das Thema Wein abgestimmt. Ein leckerer Flammkuchen (aus dem großen Steinbackofen) oder kleine Häppchen ähnlich den spanischen Tapas dürfen da als ideale Begleiter nicht fehlen. An guten, bodenständigen Rebsäften stehen 150 Positionen aus allen Anbaugebieten der Welt zur Auswahl. Das Personal sorgt mit fachkundiger Beratung dafür, dass jeder für seinen Geschmack den passenden Tropfen findet. Besonders stolz ist Restaurantleiter Markus Zschiesche auf seine Sechs-Liter-Weinflaschen: „Die ausgefallenen Flaschen sind nicht nur Blickfang, sondern verleihen dem Rebsaft ein ausdrucksstärkeres, intensiveres Aroma."

Dass das Thema Wein hier im Mittelpunkt steht, verrät als Alternative zur klassischen Weinkarte auch die hauseigene Zeitung „Wein & Wirt", die in hübscher Aufmachung rund um das Haus Louis C. Jacob informiert. Außerdem erzählen die leeren, dekorativ platzierten Flaschen von manch schönem Weinabend und ersetzen das Gästebuch. Wie zudem die handgeschriebene Speisekarte oder liebevoll personalisierte Grüße auf der Rechnung andeuten, legt die Weinwirtschaft Wert auf die persönliche Note mit individuellem Charme – ein Faktor, der das Kleine Jacob besonders auszeichnet. Im Schatten des Großen Jacob muss sich der kleine Bruder wahrlich nicht verstecken, schließlich geht er erfolgreich seinen eigenen Weg.

Lammhüfte mit Schinkenpolenta und Artischocken

Zutaten

800 g Lammhüfte
100 g Maisgrieß
400 ml Sahne
2 Schalotten
500 ml Lammfond
100 ml Balsamessig, dunkel
200 ml kräftiger Rotwein
200 g Parmaschinken
Knoblauch
Rosmarin
Muskat
Butterschmalz
Olivenöl
Salz
Pfeffer
Zucker

Zubereitung

Schalottenwürfel in Butter anschwitzen, Knoblauch und Rosmarin zugeben und mit dem auf zwei Drittel reduzierten Lammfond ablöschen. Essig und Rotwein hinzufügen, 10 Minuten köcheln lassen. Danach passieren, mit Stärke zur gewünschten Konsistenz abbinden. Mit Zucker und Salz abschmecken. Lammhüfte parieren, salzen, pfeffern und in Butterschmalz kross anbraten, im Ofen bei 180 °C etwa 10 Minuten garen. Lamm aus der Pfanne nehmen und bei etwa 60 °C ruhen lassen.

Sahne zum Kochen bringen, Salz und Muskat dazugeben. Mit Maisgrieß auskochen lassen. Masse 1 cm hoch ausgießen, erkalten lassen, rund ausstechen und in Parmaschinken einschlagen. Schinkenpolenta in Olivenöl kross anbraten. Mit kurz angebratenen Artischockenherzen und Strauchtomaten sowie tranchiertem Lamm anrichten.

WITTHÜS

Restaurant, Café und Teehaus Witthüs

Inhaber: Verena und Wolfgang Nordt

Elbchaussee 499a
22587 Hamburg

Telefon 00 49 (0) 40 / 86 01 73
Telefax 00 49 (0) 40 / 86 75 80

Ruhetag: Montagabend

„Ja, ich will!" Sichtlich gerührt schaut Jochen zu seiner frisch angetrauten Frau Susanne und steckt ihr den Ring an den Finger. Ein kurzer Blick zum Pfarrer: Der ermuntert mit wohlwollendem Nicken zum ersehnten Kuss, den die Gäste mit Applaus quittieren. Eine Hochzeitszeremonie wie manch andere, möchte man meinen. Weit

gefehlt: Die illustre Gesellschaft sitzt nicht in der Kirche, sondern idyllisch auf einer Wiese, umgeben von knorrigen, uralten Bäumen vor einem 250 Jahre alten, reetgedeckten Haus.
Kulisse dieser Bilderbuchszenerie ist der Blankeneser Hirschpark, Ausrichter und Organisator das Witthüs, welches in eben jenem Park beheimatet ist. Das aufmerksame Personal, dezent im Hintergrund, setzt alles daran, dem Paar einen unvergesslichen Tag – eben eine Traumhochzeit – zu bereiten. Begrüßt werden die Jungvermählten nach der außergewöhnlichen Trauungszeremonie mit dem traditionellen Hochzeitsmarsch aus Mendelssohn Bartholdys „Sommernachtstraum". Dazu wird ein Glas des beliebten Hauscocktails Prosecco mit Rhabarbersaft gereicht. Die Wahl des schönsten Motivs für das Hochzeitsfoto fällt schwer: vor blühenden Azaleen, Rhododendren, im Bauerngarten zwischen Buchsbaumhecken

oder vor historischer Kulisse auf den Stufen zwischen den Säulen der klassizistischen weißen Godeffroy-Villa. Die märchenhaft schön mit frischen Efeuranken, zarten Rosenblättern und silbernen Leuchtern dekorierten Tafeln (der Blumenschmuck ist ein Geschenk des Hauses) erstrahlen in romantischem Glanz.

Nach festlichem Mahl und dem Hochzeitswalzer ziehen sich Susanne und Jochen diskret aus dem Trubel zurück und entdecken ihre Großeltern an einem Tisch unter einer Linde sitzend und zufrieden die Ruhe genießend – wie wohl in früheren Zeiten schon der Kaufmann Johann Cesar Godeffroy, der hier 1786 sein Kavaliershaus erbauen ließ. Die Inschrift „Der Ruhe weisem Genuss" am Portal dieser benachbarten Villa lässt darauf schließen, wie sehr er die einmalige Stimmung in seinem privaten Park genoss. Das Witthüs war von Anfang an bestrebt, dieses „Erbe" in seinem Sinne fortzuführen.

So ist das Witthüs nachmittags ein gemütliches Café und Teehaus. Die Kuchen werden in der hauseigenen Bäckerei gebacken. Besonders begehrt ist die legendäre „Qualle auf Sand" – ein Potpourri aus Nuss- und Napfkuchen mit frischem Obst, Rumkirschen und Schlagsahne. Abends ist das Haus ein bezauberndes Restaurant der Spitzenklasse mit hochgelobter, frischer Küche. Sivalingam Suresh hat sich mit seinen ambitionierten Kreationen bereits viele Auszeichnungen erkocht.

Das gelungene Ensemble aus hanseatischer Eleganz, außergewöhnlichem Charme, exquisiter Küche und traumhafter Lage haben das Witthüs zu einer weit über Hamburgs Grenzen hinaus bekannten Institution gemacht.

Zucchini-Scampi-Törtchen

Zutaten

4 mittelgroße Zucchini
16 Scampi
50 ml Sahne
je 1/2 Tasse Zucchini-, Sellerie- und Karottenwürfel
1 Bund glatte Petersilie
Butter
Salz, Pfeffer, Cayenne-Pfeffer, Koriander

Zubereitung

Die Zucchini mit der Brotschneidemaschine in dünne, lange Streifen schneiden. 4 gebutterte Tassen über Kreuz mit diesen Streifen auskleiden, die Enden über den Rand hängen lassen. 12 Scampi pürieren, Sahne zufügen. Fein gehackte Petersilie untermischen, mit Cayenne-Pfeffer, Salz, Koriander und Pfeffer würzen. In der Pfanne die Gemüsewürfel kurz anbraten, salzen und pfeffern. Danach unter die Scampimasse heben.

Die Masse in die Tassen füllen und mit den überhängenden Zucchinischeiben bedecken. Bei 75 °C circa 25 Minuten im Wasserbad stocken lassen. Mit je einem gebratenen Scampi dekorieren.

DAL FABBRO

Restaurant Dal Fabbro
Inhaber: Salvatore Testa

Blankeneser Bahnhofstraße 10
22587 Hamburg

Telefon 00 49 (0) 40 / 86 89 41
Telefax 00 49 (0) 40 / 86 59 21

Kein Ruhetag

Zu Gast bei Freunden – dieses Gefühl vermittelt das Dal Fabbro. Denn Gastfreundlichkeit wird in dem italienischen Spezialitätenrestaurant im Herzen von Hamburg-Blankenese ganz groß geschrieben. „Jeder Gast wird bei uns als Mensch geschätzt und auch so behandelt", erklärt der sizilianische Inhaber Salvatore Testa:

„Wir freuen uns, wenn sich die Gäste wohlfühlen und entspannen, als wären sie bei guten Freunden zu Hause."
Der schönste Dank für einen gelungenen Aufenthalt sind die Komplimente, die das Dal Fabbro nicht selten einheimst – einige bleiben in guter Erinnerung. Es ist schon rührend, wenn man im Testament eines prominenten Stammgastes, der das Restaurant zu einem seiner zwei liebsten Orte zählte, besondere Erwähnung findet. Großen Respekt zeichnete die Freundschaft des vor einigen Jahren verstorbenen Zeichners Horst Janssen und der Familie Testa aus. Während seiner regelmäßigen Besuche im Restaurant zeichnete der Künstler bei gutem Essen und angeregten Gesprächen unzählige Bilder auf Papier, Tischtücher und Servietten, die noch heute an den Wänden des Dal Fabbro zu bewundern sind.

Hamburg

Viel Wert legen Salvatore Testa und sein Sohn Leonard darauf, dass nicht ihnen allein das Lob gebührt, sondern mehrere Komponenten für den stimmigen Gesamteindruck verantwortlich sind. An erster Stelle stehen natürlich die Menschen, das Personal, das gemeinsam als Team arbeitet. Ob Kellner, Koch oder Küchenhilfe – jeder trägt seinen Teil dazu bei, dem Gast einen unvergesslichen Abend zu bereiten. Weiterhin ist natürlich auch das mediterran-elegante Ambiente ein Wohlfühlgarant. Dezent, aber trotzdem augenfällig findet man in der Einrichtung die italienischen Landesfarben wieder, die – genau wie der Wintergarten – eine warme Atmosphäre schaffen. Ein Hufeisen am großen Eingangstor erinnert daran, dass sich in dem schönen alten Haus einst eine Schmiede befand; der Name Dal Fabbro bedeutet ins Deutsche übersetzt „Zur Schmiede".
An diesem einladenden Ort schmeckt die exquisite italienische Küche mit einem guten Schluck Weiß- oder Rotwein (ebenfalls aus Italien) einzigartig. Sehr beliebt sind beispielsweise der Thunfisch-Tatar oder die Pasta Michelangelo mit Flusskrebsen, getrockneten Tomaten und Schalotten.
Das seit über 20 Jahren stets gut besuchte Restaurant bestätigt Vater und Sohn in ihrer Arbeit. Beide sind mit der Gastronomie aufgewachsen. Die gesamte Familie hat das Kochen im Blut. Trotzdem weiß Leonard Testa, dass man sich nicht auf seinem Erfolg oder den Komplimenten ausruhen darf: „Man benötigt ein ganzes Leben, um die Gastronomie zu erlernen. Jeder Tag und jeder Gast ist eine neue, einzigartige Herausforderung und genau das ist es, was uns unglaublich viel Spaß macht."
Zu Gast bei Freunden – das Konzept geht hier auf, denn die herzliche und lockere Art der Familie Testa zeigt, dass sie ihren Beruf mit Herz und Seele lebt.

Kalbsrückensteak unter der Parmesan-Thymian-Kruste an Kartoffelpüree

Zutaten

4 Kalbsrückensteaks à 180 g
125 g geriebener Parmesan
60 g Butter
2 Eigelb
80 g Brotkrumen
Salz, Pfeffer
Thymianblätter

Zubereitung

Butter und Eigelb aufschlagen. Die Brotkrumen, Thymian, Salz und Pfeffer untermischen. Mit Parmesan auffüllen und abschmecken.
Die Kalbssteaks anbraten und im Ofen bei 180 °C langsam rosa garen. Herausnehmen und einige Minuten ruhen lassen. Dann die Parmesankruste einige Millimeter auf die Steaks streichen und unter dem Grill goldbraun gratinieren.
Anrichten mit in Nocken geformtem Kartoffelpüree. Das Fleisch in Tranchen ansetzen. Mit etwas glasiertem Gemüse und Oliventapenade abrunden.

BAURS PARK

Hotel-Restaurant Baurs Park

Inhaberinnen: Claudia Spiegelberg und Martina Franke

Elbchaussee 573
22587 Hamburg

Telefon 00 49 (0) 40 / 86 66 62 0
Telefax 00 49 (0) 40 / 86 66 62 20

Ruhetag: Samstag

Über einen Mangel an Grünflächen kann sich Hamburgs nobler Vorort Blankenese gewiss nicht beschweren. Gleich mehrere Parks laden hier zum Verweilen und Entspannen ein: Der Hirschpark, der Hesse Park, Gosslers Park und eben auch Baurs Park, letzterer sogar gleich in doppelter Ausfertigung. Der Name bezeichnet einerseits das ehemalige Anwesen des reichen Kaufmanns Georg Friedrich Baur, andererseits ein Hotel und Restaurant in unmittelbarer Nähe zum Park.
Baurs Park profitiert von der idyllischen und sehr ruhigen Lage im Grünen und befindet sich zugleich sehr zentral an der Elbchaussee im Herzen Blankeneses. Das

über 120 Jahre alte Haus war schon immer ein Gastronomiebetrieb und hat Fremdenzimmer angeboten. Heute wird das Unternehmen in zweiter Generation von der Familie Franke geführt, die sich zuvor mit dem ersten Grillimbiss in Blankenese einen Namen gemacht hat. Unter der Regie der beiden Schwestern Martina Franke und Claudia Spiegelberg bietet Baurs Park heute wie damals regionale Hausmannskost sowie internationale Gerichte der gutbürgerlichen Küche an: Scholle, grüne Heringe, Matjes, Sauerfleisch und natürlich das Wiener Schnitzel findet man hier noch traditionell und lecker zubereitet. Langweilig wird das Essen trotzdem nie: „Wir probieren immer neue Rezepte aus und variieren zum Beispiel in der Zubereitung", verrät Martina Franke, die auch gerne selbst ihre Gäste bekocht.

Das Ambiente ist – passend zu den Gerichten – rustikal-gemütlich. Holz und Stein dominieren und schaffen gemeinsam mit dem im Winter prasselnden Kaminfeuer eine warme Atmosphäre. Sozusagen als Referenz an frühere Zeiten gibt es am Eingang des Restaurants einen kleinen Imbiss, an dem sich der eilige Gast auch mal schnell eine Bratwurst oder eine Frikadelle holen kann.

Angeschlossen an das Restaurant ist ein Hotel mit 40 Betten. Den unterschiedlichen Bedürfnissen der Gäste entsprechend wurden einige Zimmer im Landhausstil eingerichtet, während andere moderne Eleganz charakterisiert. Ins Auge fallen die Bilder an den Wänden, die ausnahmslos Szenen aus der nahen Umgebung darstellen. „Wir lieben die Stadt und besonders Blankenese. Daran wollen wir auch unsere Gäste teilhaben lassen", erklärt Claudia Spiegelberg. Diese Absicht bleibt nicht ohne Wirkung; spätestens bei dem guten Essen im Restaurant und einem netten Gespräch lässt sich auch der letzte Zweifler überzeugen. Nicht allein die Hotelgäste schätzen das Restaurant, sondern auch viele Stammgäste aus Blankenese. Besonders das ältere Publikum und Familien fühlen sich hier sehr wohl. Bei guter Stimmung und einem kühlen, frisch gezapften Bier schmecken allen die deftigen Gerichte, bei denen der anschließende Verdauungsspaziergang vorprogrammiert ist: Der nächste Park ist ja nicht weit.

Eingelegte Bratheringe

Zutaten

6–8 grüne Heringe, ohne Kopf und ausgenommen
Salz
30 g Mehl
Butterschmalz
2 kleine Zwiebeln
1 EL Senfkörner
8 Pfefferkörner
1 Lorbeerblatt
1/4 l Essig

Zubereitung

Heringe waschen und trocken tupfen, innen und außen mit Salz einreiben, in Mehl wenden, überschüssiges Mehl abschütteln. Die Fische in heißem Butterschmalz von beiden Seiten goldbraun braten, abkühlen lassen. Mit Zwiebelringen und Gewürzen in eine Steingut- oder Glasschüssel geben. Essig mit 1/8 l Wasser verdünnen, über die Heringe gießen, 2–3 Tage ziehen lassen. Anschließend mit knusprigen Bratkartoffeln servieren.

BRECKWOLDT'S FISCHFEINKOST

Breckwoldt's Fischfeinkost

Inhaber: Kristin und Joachim Breckwoldt

Elbchaussee 531
22587 Hamburg

Telefon 00 49 (0) 40 / 86 03 32
Telefax 00 49 (0) 40 / 86 42 78

Ruhetag: Sonntag, Mittwoch nachmittag

Ernährungswissenschaftler raten, zweimal wöchentlich Fisch zu essen. Und das mit gutem Grund: Fisch ist nahrhaft und gesund, sein Fettgehalt ist gering, er ist ein wichtiger Eiweißlieferant und zudem eine der letzten natürlichen Jodquellen. Fisch ist vor allem aber eins: lecker! Kristin und Joachim Breckwoldt, Inhaber des gleichnamigen Fischfeinkostgeschäftes in Blankenese, sind sich einig: „Ob morgens als Fischbrötchen, mittags gegrillt mit frischem Kartoffelsalat oder abends in der geräucherten Variante – Fisch schmeckt immer und ist Genuss pur. Außerdem ist er durch seine Artenvielfalt und die unterschiedlichen Verarbeitungsmöglichkeiten sehr abwechslungsreich."
Die riesige Auswahl an täglich frischem und unbehandeltem Fisch aus Nordsee, Mittelmeer und Übersee spricht für sich. Neben Steinbutt, Dorade und Red Snapper findet der qualitätsbewusste Kunde im Ladengeschäft diverse Schalen- und Krustentiere, darunter Austern, Hummer oder Taschenkrebse (zum Beispiel „Helgoländer Knieper"). Hinzu kommt ein vielfältiges Angebot an veredelten, hausgemachten Fischdelikatessen – von Marinaden und Soßen über Suppen und Salate bis zu Pasteteten oder Räucherfisch. Letzterer entsteht im eigenen Räucherofen. Die köstlich-aromatische Ausbeute an geräucherter Makrele, Stremellachs, Dorade, Hering oder Forelle gewinnt die Familie in bewährter Manier aus dem „Altonaer Ofen", mit dem hier alles begann. Breckwoldt's Fischfeinkost ist ein Familienbetrieb in vierter Generation. Im Jahre 1904 gründete der Urgroßvater des heutigen Inhabers ein kleines Fischgeschäft an der

Elbchaussee und gab dafür die seit Generationen bestehende Kutterfischerei auf. Der Grund war so einleuchtend wie simpel: Es fehlte an einem geeigneten Nachfolger. Der erste Sohn hatte andere Zukunftspläne; der zweite vertrug den Wellengang auf See nicht. Breckwoldt baute vor und schuf dem zweiten Nachkömmling einen weniger „unruhigen“ Arbeitsplatz.
Sein Mut zur Veränderung wurde belohnt. Schließlich blickt das Ladengeschäft heute auf sein über 100-jähriges Bestehen zurück und hat auch „unruhige“ Zeiten gemeistert. Erfolgsgarant war und ist die gleichbleibend gute Qualität. Bis heute ist die Familie dieser Linie treu geblieben. Außerdem zeichnet sich Breckwoldt's Fischfeinkost immer wieder durch ausgefallene und neue Produkte aus: „Mein Großvater hat schon die Dillhappen erfunden“, sinniert Breckwoldt: „Heute kreieren wir Köstlichkeiten wie unsere etwas andere Hummer- und Jakobsmuschelsuppe, den Langustensalat, unseren Shrimpscocktail oder den geräucherten Honiglachsspieß.“ Doch auch die Rezepte, die noch aus Großmutters handgeschriebenem Kochbuch stammen, sind beliebte und bewährte Klassiker.

Überzeugt von der gelungenen Symbiose aus Tradition, Innovation und Qualität holen sich die vielen zufriedenen (Stamm-) Kunden auch gerne Tipps und Anregungen. Entsprechend den jeweiligen Wünschen hat Kristin Breckwoldt immer ein schönes, einfach nachzukochendes Rezept auf Lager und die passenden Zutaten vorrätig. Gerne empfiehlt sie dazu einen guten Wein aus eigenen Beständen. Die Kunden vertrauen Breckwoldt's Fischfeinkost nicht zuletzt deshalb, weil sie wissen, dass hier jeder stets nur das Beste vom Besten bekommt, das „Bürgermeisterstück“.

Mediterraner Fischtopf

Zutaten für 20 Personen

200 g Sellerie
250 g Karotten
400 g Zucchini
400 g Porree
150 g Frühlingszwiebeln
150 g Paprika
1 kleine Dose Pizzatomaten
200 ml Wein
1,5 l Fischfond
1 gehäufter TL Salz
3 TL gekörnte Brühe
2 kg Fischwürfel nach Belieben

Zubereitung

Sellerie, Möhren, Zwiebeln und Paprika in feine Würfel schneiden, Zucchini und Porree in feine Scheiben. Das Gemüse der (Zutaten-)Reihe nach in der Pfanne anschmoren. Tomaten, Wein und Fischfond dazugeben, würzen. Fischwürfel etwa 10 Minuten gar ziehen lassen. Nach Belieben durch einige Miesmuscheln ergänzen.

So sehr die Hamburger ihre Stadt auch lieben, so sehr genießen sie ihre Tages -und Wochenendausflüge ans Meer oder aufs Land. Heute sind Nord- und Ostsee, Holsteinische Schweiz, Altes Land oder Lüneburger Heide dank PKW und Bahn nur einen Katzensprung entfernt. In Zeiten, in denen man noch auf Pferdekutschen angewiesen war, lagen die Ausflugsziele entsprechend stadtnäher. Viele Landpartien führten damals in den grünen Hamburger Westen. Zu Beginn des 20. Jahrhunderts besuchte man z.B. „Hagenbeck“ in Stellingen, den ersten gitterlosen Zoo der Welt. Zwei Jahrhunderte zuvor zog es die Stadtbevökerung in ländlich geprägte Bauerndörfer wie Othmarschen, Nienstedten oder Groß Flottbek, die damals noch nicht zu Hamburg gehörten. Was früher ein beliebtes Ausflugsziel für die vornehme Gesellschaft war, ist heute ihr Lebensmittelpunkt geworden. Schmucke Villen und große Parkanlagen wie der Jenisch-Park prägen die Stadtteilbilder und zeugen von Wohlstand. Die Gastronomie hat sich ganz auf die Bedürfnisse der Bewohner eingestellt. Eine gute Küche auf hohem Niveau muss man daher nicht lange suchen.

Doch auch am heimischen Herd versteht es so mancher Hanseat, köstliche Gerichte zu zaubern. Angesichts des vielfältigen Marktangebots kann man davon ausgehen, dass schon früher die Kochkünste entsprechend gut und abwechslungsreich waren. Speziell für die wohlhabende Bevölkerung gab es weit mehr als nur Labskaus, Matjes oder Aalsuppe.
Die heute sehr kostspieligen, weil seltenen Fischdelikatessen an Hummer, Krebsen, Austern oder Kaviar gab es damals noch in Hülle und Fülle. Sie kamen aus der Nord- und Ostsee, wie der Helgoländer Hummer, und mussten nicht von weither importiert werden. Kaum verwunderlich, dass Gerichte mit großen Mengen dieser Meeresfrüchte an der Tagesordnung waren. Ein Zeichen von Reichtum waren besonders die Gewürze, welche mit steigendem Verbrauch zunehmend an Wert gewannen. Wer etwas auf sich hielt und es sich leisten konnte, der würzte seine Speisen mit Pfeffer, Ingwer, Muskat und Zucker.
Der große Einfluss der Engländer, der sich bis heute im vornehmen hanseatischen Understatement zeigt, hat sich auch in der Esskultur niedergeschlagen. Die Hamburger lieb(t)en nicht nur ihr Beefsteak und ihren Tee, sondern übernahmen auch kulinarische Gepflogenheiten der „feinen englischen Art". So wurden nicht selten über 20 Gänge aufgetischt, wenn gut situierte Familien Gäste geladen hatten. Eher einfache Salate, Suppen und Trockenkuchen – diese ebenfalls in üppiger Menge – waren dann gefragt, wenn es um eine Landpartie oder ein Picknick im Grünen ging.

HEINSENS ELLERBEK

„Renommiertes Restaurant sucht gastorientierten, betriebswirtschaftlich denkenden, gut aussehenden Koch." Mit einer Chiffre-Anzeige begann die Karriere von Küchenchef Henry Theben im Heinsens Ellerbek und mit ihm der unaufhaltsame Erfolgskurs des erstklassigen Restaurants vor den Toren Hamburgs. Inhaberin Ulrike Carstensen erinnert sich: „Wir standen kurz vor der Insolvenz, unsere damaligen Sterneköche konnten mit ihren ausgefallenen Kreationen nicht an die Blütezeit Ende der 1990er Jahre anknüpfen. Die Anzeige habe ich als letzten Ausweg gesehen." Und Theben kam, sah und siegte. Der Küchenmeister, der zehn Jahre Gastronomieerfahrung im Steigenberger-Konzern und in weiteren renommierten Häusern mitbrachte, war genau das, was Heinsens Ellerbek so nötig brauchte.

Die gehobene internationale Küche Thebens mit regionalen Einflüssen trifft ins Schwarze. Dabei steht nicht seine Selbstverwirklichung im Mittelpunkt, sondern die Zufriedenheit der Gäste, die mit kulinarischen Köstlichkeiten von klassisch bis kreativ verwöhnt werden. Hier wird das gekocht, worauf das Publikum Lust hat, getreu dem Motto: Haben wir nicht – gibt's nicht! Viele kommen der exzellenten Fischgerichte wegen; ein begehrtes Highlight ist das „Ellerbeker Apfel-Creme Süppchen mit Scampis", welches der Küchenchef und sein Team in der offenen Schauküche zaubern.
Auf seine Kochkünste greift man auch gerne für Kochkurse und Veranstaltungen jeglicher Art zurück – von Taufen über Geburtstage, Jubiläen und Trauerfeiern bis hin zu Hochzeiten. Die Gäste profitieren zudem von einzigartigen Räumlichkeiten. Der von

Restaurant Heinsens Ellerbek
Inhaber: Ulrike Carstensen und
Heinz-Gerhard Karp

Haupstraße 1
25474 Ellerbek

Telefon 00 49 (0) 41 01 / 37 77 0
Telefax 00 49 (0) 41 01 / 37 77 29

Kein Ruhetag

Hinrich Heins erbaute Gasthof blickt auf eine über 100-jährige Geschichte zurück und gehört seit seiner Sanierung im Jahr 1996 zu den Kulturdenkmälern der Gemeinde Ellerbek. Drinnen empfängt den Gast mit Pitch-Pine-Fußboden, weißem Stuck und Delfter Kacheln der nostalgische Charme eines alten Herrenhauses. Im Einklang mit der Tradition komplettieren moderne Details wie die innovativen Leuchten des Lichtkünstlers Benny Mahler oder die edlen Holztische den ansprechenden Gesamteindruck und tragen die Handschrift von „Seele" Ulrike Carstensen. Nicht grundlos lässt man sich in diesem schönen Ambiente sogar trauen und verbringt die Hochzeitsnacht im hauseigenen Apartment mit historischen Schlafzimmern. Früher haben hier die Hamburger übernachtet, die nach Ellerbek zur Sommerfrische fuhren; heute braucht man von der Hamburger City mit dem Auto nur 20 Minuten. Denn Ellerbek ist nicht weit weg und dank Heinsens ein beliebtes Ausflugsziel.

Medaillons vom Rinder-Filet unter der Olivenkruste auf Rucola-Risotto und geschmolzenen Tomaten

Zutaten

8 Rinder-Filetscheiben à 100 g
Rapsöl
Salz, Pfeffer
Für die Olivenkruste:
je 50 g schwarze und grüne Oliven
20 g getrocknete Tomaten
20 g weiche Butter
1 Eigelb
3 Scheiben Toast
1/2 Bund Blattpetersilie
Thymian, Rosmarin, Knoblauch, Pfeffer
Für die geschmolzenen Tomaten:
24 Kirschtomaten
Olivenöl, Butter, Salz, Pfeffer
alter Aceto Balsamico (erhältlich in italienischen Feinkostläden)

Zubereitung

Für die Olivenkruste Oliven und Tomaten in feine Ringe schneiden; mit grob gehackter Petersilie, Knoblauch, Butter, Eigelb und Brot (entrindet und gerieben) mischen. Thymian- und Rosmarinblättchen vom Stiel zupfen, in etwas Öl anschwitzen und zu der Kruste geben. Mit Pfeffer würzen und kalt stellen.
Die Medaillons salzen, pfeffern und in Öl von beiden Seiten etwa 3 Minuten scharf anbraten. Die Kruste gleichmäßig auf die Steaks verteilen und kurz unter dem Grill gratinieren.
Halbierte Kirschtomaten in wenig Öl anschwitzen, die Butter mit einschwenken und abschmecken.
Dazu passt Rucola-Risotto, das mittig auf Tellern angerichtet wird. Die Filets vorsichtig auflegen und die Tomaten locker darauf verteilen. Die Teller mit einem Strich alten Essigs verzieren.

MENDELSSOHN'S.

Restaurant Mendelssohn's.
im Residenzhotel NewLivingHome
Geschäftsführer: Lutz Pletka

Julius-Vosseler-Straße 40
22527 Hamburg

Telefon 00 49 (0) 40 / 40 13 31 00
Telefax 00 49 (0) 40 / 40 13 32 00

Kein Ruhetag

„Der Name: Musik. Das Restaurant: Kultur." Diese schönen Worte sollte man sich auf der Zunge zergehen lassen. Der wohlklingende Name des Restaurants „Mendelssohn's." ist eine Hommage an die Komponisten Felix Mendelssohn-Bartholdy und seine Schwester Fanny. Und dieser Name hält, was er verspricht: Denn Kultur und

Lebensart werden in der Apartment-Residenz NewLivingHome groß geschrieben. Ziel des neuen Wohn- und Hotelkonzeptes ist es, sozial und kulturell interessierte Menschen aller Altersstufen zusammenzuführen, um gemeinsam unter einem Dach an gesellschaftlichen Ereignissen teilzunehmen. Ergänzend zu den Konzerten, Lesungen und Vorträgen, die hier stattfinden, darf ein gutes Essen im hauseigenen Restaurant natürlich nicht fehlen.
Genau wie die Musik Mendelssohns verfolgt auch das Ambiente mit leiser Musikuntermalung im separaten Restaurant und dem offenen Wintergarten eine klassisch-zeitlose Linie. Im Wintergarten, dem zentralsten Raum des Hauses, geht es ungezwungen zu. Augenfälligstes Merkmal ist die angenehme Weitläufigkeit. Die Stühle aus Korbgeflecht an den runden Glastischen stehen in großzügigem Abstand voneinander. Vor der nach Süden geöffneten Fensterfront lädt in den Sommermonaten die Terrasse zum Verweilen ein. Speziell ist auch das Publikum, das sich aus Restau-

rant- und Hotelgästen, Kulturinteressierten und Hausbewohnern zusammensetzt.
Schnell hat sich herumgesprochen, dass es im NewLivingHome nicht nur ein anspruchsvolles kulturelles Angebot gibt, sondern auch eine hervorragende Küche. „Wir legen Wert auf eine kompromisslos frische Küche zu fairen Preisen", meint Küchenchef Patrick Heindel. In eine bestimmte Kategorie lasse sich die gehobene Küche aber nicht einordnen. Vielmehr wachse die Mendelssohn's.-Gastronomie beständig mit den Ansprüchen und Wünschen des Gastes, so dass im Resultat für jeden Geschmack etwas dabei sei – von regionalen Gerichten über mediterrane Spezialitäten bis hin zu asiatisch beeinflussten Kreationen.
Nicht zu vernachlässigen ist das kleine, aber feine Kuchenangebot am Nachmittag. Jeder Kuchen für sich ist eine ganz spezielle Empfehlung. Denn gebacken wird ausschließlich nach bewährten Familienrezepten, welche die Mitarbeiter von Zuhause mitgebracht haben. Nirgendwo sonst schmeckt „Omas Käsekuchen" daher so gut wie hier ...

Entsprechend bedarf es nur weniger Worte, um einen Besuch der Mendelssohn's.-Gastronomie im NewLivingHome treffend zu beschreiben. Literaten werden es mit einem Ausspruch Rilkes halten: „Als Mahl begann's. Und ist ein Fest geworden, kaum weiß man wie."

Joghurt-Pina Colada mit Ananas-Minzragout

Zutaten für 6 Personen
1 süße Ananas
100 g brauner Zucker
100 g Gelierzucker
500 g Vollmilchjoghurt (natur)
100 ml Kokossirup
8 cl brauner Rum
50 g Kokosraspeln
einige Minzeblätter
Physalis, Minze, Kokosnuss

Zubereitung
Die Ananas schälen, der Länge nach halbieren, vierteln und den Strunk entfernen. Danach die Viertel nochmals halbieren und in etwa 1/2 cm große Streifen schneiden. Diese dann zusammen mit 80 g braunem Zucker und dem Gelierzucker in einem Topf kurz erhitzen, bis sich der Zucker gelöst hat. Im Kühlschrank 1–2 Stunden kalt stellen. Das Ananasragout kann schon am Vortag zubereitet werden und hält sich abgedeckt auch mehrere Tage.
Den Joghurt in einer Schüssel vorsichtig mit dem Sirup und dem Rum verrühren, abgedeckt in den Kühlschrank stellen. Die Kokosraspeln im vorgeheizten Backofen bei 180 °C ca. 5 Minuten goldgelb bräunen.
Den Kokosjoghurt auf sechs Gläser verteilen. Minze in feine Streifen schneiden und unter das kalte Ananasragout heben. Danach das Ragout auf den Joghurt geben und mit den Kokosraspeln und dem restlichen Zucker bestreuen. Mit Minze, Physalis und Kokosnuss garnieren. Das Dessert schmeckt übrigens auch ohne Alkohol!

TURQUAZ

Türkis schimmerndes, kristallklares Wasser, dessen Oberfläche die Sonnenstrahlen reflektiert: Ein herrliches Stimmungsbild, das Erinnerungen an schöne Urlaubstage wachruft. Bei schönem Sommerwetter bieten die Küsten sämtlicher Mittelmeerländer dieses beeindruckende Farbenschauspiel – eine wahrhaft bezaubernde Augenweide.

Diese einmalige Stimmung möchte das Restaurant Turquaz auch in Deutschlands hohen Norden holen – daher der Name, der so viel bedeutet wie „Türkis". Der Gast wird mit mediterranen Köstlichkeiten aus der Türkei, Spanien, Italien und Griechenland – eben den Ländern, wo das Meer türkis schimmert – verwöhnt und auf eine abwechslungsreiche kulinarische Reise mitgenommen.

Die Auswahl der Speisen der jeweiligen Küchen ist gelungen und harmonisch aufeinander abgestimmt. „Ganz gleich, ob man türkische Köfte, griechisches Souflaki, Mittelmeerfisch oder Spaghetti Carbonara bestellt, im Turquaz bekommt man gute Qualität, die man auch schmeckt. Wir verwenden ausschließlich frische Produkte, die à la minute mit vielen frischen Kräutern zubereitet werden", erläutert Kemal Atakan. Davon kann sich jeder Gast selbst überzeugen – ist die offene Küche direkt am Eingang doch gut einsehbar.

Ergänzend zur festen Speisekarte gibt es attraktive, sehr preisgünstige Arrangements, einen schnellen Business-Lunch beispielsweise oder vielfältige Drei-Gänge-Menüs inklusive einer Flasche Wein. Über Lob freut sich der Gastgeber natürlich sehr, doch auch für konstruktive Kritik ist er jederzeit offen, wie man der konkreten Aufforderung in der Speisekarte entnehmen kann: „Bist du zufrieden, sage es anderen, bist du es nicht, dann sage es uns."

Bedingt durch seine langjährige Tätigkeit

Restaurant Turquaz

Inhaber: Kemal Atakan

Borsteler Chaussee 120

22453 Hamburg

Telefon 00 49 (0) 40 / 53 00 80 53

Telefax 00 49 (0) 40 / 53 00 80 52

Kein Ruhetag

als Journalist sowie in der Flug- und Touristikbranche hat Kemal Atakan nicht nur viele Länder bereist und die verschiedenen Mittelmeerküchen sehr gut kennen gelernt, sondern auch unzählige Rezepte mitgebracht. Als sein Lieblingsitaliener, bei dem er häufig zu Gast gewesen war, schließen musste, übernahm er das Ladenlokal und eröffnete im Jahre 2002 das Turquaz, das von seinem autodidaktischen Gastronomiewissen und seinem Ehrgeiz profitiert – seit jeher gehörte es zu seinem Lebensplan, einmal ein eigenes Restaurant zu führen.
Ein warmes Bordeauxrot bestimmt die farbliche Note des Gastraumes und sorgt für romantische Atmosphäre. Große türkisfarbene Glassteine machen dem Namen des Restaurants alle Ehre. Zwei großzügige Terrassen, die eine an der belebten Straße gelegen, die andere etwas ruhiger, laden zum kulinarischen Verweilen ein. Bei einem guten Glas Wein – die erlesenen Tropfen kommen ebenfalls aus sämtlichen Mittelmeerregionen – und dem hervorragenden Essen ist der nächste Urlaub am Mittelmeer mit türkis schimmerndem Wasser in Gedanken schon nicht mehr weit.

Köfte (nach Art des Hauses)

Zutaten

1 kg gemischtes Hack vom Rind und Lamm
1 große Zwiebel
4 Knoblauchzehen
2 EL Petersilie
1 Tasse Semmelbrösel
1 TL Senf
1 TL Salz
1 Prise gemahlener Schwarzer Pfeffer
1 Ei
2 EL Joghurt
Köfte-Sauce:
3 EL Tomatenmark
3 EL pikantes Paprikamark
Salz, Pfeffer, Zucker, Balsamico-Essig, Olivenöl
Wasser

Zubereitung

Zwiebeln, Knoblauch und Petersilie sehr fein schneiden bzw. hacken. Sämtliche Zutaten zu einer Masse vermischen, in einer großen Schüssel etwa 15 Minuten verkneten. Mit der Hand golfballgroße Bällchen formen und grillen (oder in der Pfanne mit etwas Öl anbraten). Für die Köfte-Sauce die Zutaten in einem Topf erhitzen.
Sauce auf einem Teller anrichten, die Köfte darauf legen und mit Reis oder gerösteten Kartoffeln, nach Belieben mit etwas Joghurt, servieren.

LAMBERT

Restaurant Lambert

Inhaber: Mario Meusel

Osdorfer Landstraße 239
22549 Hamburg

Telefon 00 49 (0) 40 / 80 77 91 66
Telefax 00 49 (0) 40 / 80 77 91 64

Ruhetag: Montag

Es gibt viele gute Gründe, sich im Lambert wohl zu fühlen. Einer ist mit Sicherheit das Interieur, das Mario Meusel, der Besitzer des Lokals, selbst als rustikal-gemütlich beschreibt. Und Recht hat er: Die lange, antike Teakholztafel mit karierten Tischservietten und dunkelroter Lederbestuhlung schafft eine angenehme Landhausatmosphäre; ein offener Kamin, Holzbalken und dicke Säulen tun ihr Übriges. Dass das Lambert früher tatsächlich ein Bauernhaus war, ist unverkennbar. Heute lagert auf dem ehemaligen Heuboden des Wackerhofes aus dem Jahre 1828 jedoch kein getrocknetes Gras mehr, sondern der Chef persönlich steht in der offenen Küche am Herd und bekocht seine Gäste – und das mit Leidenschaft. „Schmecken soll das Essen", ist Meusels oberste Maxime und ein weiterer Grund, warum sich ein Besuch im Lambert lohnt. Die gehobene deutsche Küche spielt kreativ mit mediterranen Einflüssen und französischen Nuancen. Zum Angebot gehört darüber hinaus auch eine Sushi-Bar. Besonders beliebt als Vorspeise ist der gratinierte Ziegenkäse mit Feldsalat und Rosmarin-Honigvinaigrette. Beim

Hauptgericht bleiben die Gäste gern beim Altbewährten und entscheiden sich für Ente in den unterschiedlichsten Variationen. Der französische Einfluss zeigt sich vor allem bei den frischen Flammkuchen, die sowohl herzhaft als auch süß zubereitet werden.

Die abwechslungsreiche Speisekarte wird von einem riesigen Weinangebot abgerundet. Kein Wunder, befindet sich doch im Erdgeschoss des Hauses „Jacques' Weindepot", auf dessen Auswahl das Restaurant zurückgreift. Extrawünsche können so natürlich problemlos erfüllt werden – ein Gang die Treppe hinunter genügt.

Die vielen Stammgäste, die vorwiegend aus der näheren Umgebung im Westen Hamburgs kommen, wissen, warum sich ein Besuch im familiengeführten Lambert lohnt: Eine persönliche Begrüßung mit Namen gehört hier zum guten Ton; schließlich soll sich der Gast gut aufgehoben fühlen. Und das tut er gewiss. Spätestens bei kleinen Extras wie den Erklärungen auf der Speisekarte wird klar, dass sich hier jemand Gedanken gemacht hat: Was war noch mal ein Maibock? Ein Bier? Oder doch eher das zarte Fleisch von jungem Wild? Informiert wird am Rande auch über besondere Aktionen wie Kochkurse (u.a. für Kinder), Weinseminare oder einen Flohmarkt auf dem Hof des Hauses.

Der Chef tut viel für das Wohl seiner Gäste und für sein Restaurant, das er in einer Spontanentscheidung übernommen hat: „Eigentlich hatte ich mich nur als Küchenchef beworben, um meinen Marktwert zu testen; dass man mir gleich das ganze Restaurant anbot, war für mich ein Wink des Schicksals. Bis heute habe ich es nicht bereut." Das muss er auch nicht. Er hat frischen Wind in das Haus gebracht und die Gäste kommen gerne wieder – keine Frage: Sie fühlen sich wohl im Lambert.

Chocolat Malheur

Zutaten für 6 Personen
250 g Butter
5 frische Eier
5 Eigelb
125 g Feinzucker
250 g dunkle Edelbitterschokolade
50 g gesiebtes Mehl
etwas Butter zum Fetten der Formen

Zubereitung
Die Schokolade in kleine Stücke brechen und mit der Butter im Wasserbad schmelzen. Inzwischen in einer Rührschüssel Eier, Eigelb und Zucker gut verquirlen. Schokolade vom Herd nehmen und unter die Eiermischung rühren, bis sich eine geschmeidige Creme ergibt. Das Mehl vorsichtig einarbeiten. Die Creme sofort in gefettete Kaffeetassen geben und über Nacht kalt stellen.
Den Ofen auf 180 °C (Gas Stufe 2) vorheizen. Vorbereitete Formen 10 bis 15 Minuten backen und regelmäßig kontrollieren; die Chocolats herausnehmen, wenn sie sich wölben und nicht mehr feucht sind. Mit einem Messer vom Tassenrand lösen, auf Teller stürzen und mit Eis servieren. Perfekt sind die Kuchen, wenn sie außen fest und innen noch flüssig sind.

Es ist rot. Sogar knallrot. Und das ist gut so. Schließlich soll das Rodan sofort ins Auge stechen. „Wir haben für die Hauswand und die Fenster diesen extremen Farbton gewählt, damit die Leute neugierig werden und sehen, dass es hier etwas Neues gibt", so die Erklärung von Inhaber Roman Jakob. Sein Konzept ist aufgegangen: Das Restaurant in der belebten Einkaufsstraße in Othmarschen gibt es nun schon seit einigen Jahren und es ist täglich sowohl zur Mittags- als auch Abendzeit sehr gut besucht. Das Image der Vorgänger – einer Eisdiele und einiger italienischer Lokale, die eher das jugendliche Publikum ansprachen – ist längst überholt. Das bemerkt man spätestens beim Betreten des Rodan. Hier herrscht eine unaufdringliche und entspannte Atmosphäre. Harmonie ist das richtige Wort, um die Stimmung zu erfassen. Die Farben tragen einen großen Teil dazu bei. Natürlich findet man die Rottöne wieder, allerdings weniger flächendeckend; dazu passen das dezente Gelb der Wände und die dunkelgrünen Lederbezüge der Sitzbänke. Der freundliche Service des Restaurants tut sein Übriges. Während sich Restaurantleiter Heinz Lindemann professionell um die Gäste kümmert und gerne in Sachen Wein berät, steht der Chef noch selbst hinter dem Herd und kocht eine frische regionale und saisonale Küche: „Ich gehe auf die Wünsche der Leute ein. Und die essen hier auch gerne mal Rinderbraten oder Königsberger Klopse", erklärt Jakob, „dabei ist es natürlich Ehrensache, dass die Qualität stimmt." Und dass sie stimmt, beweisen die vielen Stammgäste, denen regelmäßig das rote, knallrote Rodan ins Auge sticht.

Restaurant Rodan
Inhaber: Roman Jakob

Waitzstraße 20
22607 Hamburg

Telefon 00 49 (0) 40 / 88 16 86 61
Telefax 00 49 (0) 40 / 88 16 91 78

Ruhetag: Sonntag

BIOLAND-HOF TIMMERMANN

Gereiftes Fleisch und Wurst von artgerecht gehaltenen Rindern und Schweinen, tagesfrische Eier von frei laufenden Hühnern, gesunde Kartoffeln und hochwertiges Gemüse: Viele Produkte im Hofladen der Familie Timmermann kommen vom eigenen Bioland-Betrieb. Davon darf sich jeder Besucher gerne selbst überzeugen. Denn hier kann man Rindern, Schweinen, Hühnern, Pferden und Kaninchen jederzeit „Guten Tag" sagen, Kinder dürfen sich zudem auf der Heuballen-Landschaft austoben. Authentisch und stadtnah – die Erlebniswelt Bauernhof mit großem Ladengeschäft ist bequem aus der Innenstadt mit dem Auto oder per S-Bahn (S1 Sülldorf, 300 m zum Hof) zu erreichen.

Seit 1989 bewirtschaften Wilhelm und Agnes Timmermann ihren seit neun Generationen bestehenden Familienbetrieb nach den strengen Bioland-Richtlinien. „Wir handeln aus Überzeugung", betont der Landwirt: „Die Natur ist uns gut genug." Für die Familie bedeutet das vor allem ein partnerschaftlicher Umgang mit Boden, Tieren und Pflanzen (z.B. unter Verzicht auf chemische Spritz -und Düngemittel). Der Erfolg und die große Nachfrage nach Bio-Produkten geben den Timmermanns Recht. Heute werden im rustikalen Hofladen, der ehemaligen Diele und dem alten Kuhstall, auf 280 Quadratmetern über 3000 gesunde und wohlschmeckende Artikel angeboten. Neben den eigenen Erzeugnissen kommen viele Produkte von Bioland-Höfen aus der Region. Das Angebot umfasst auch ein vielseitiges Feinkostsortiment mit Käse, Wurst, Wein und Antipasti. Und fachkundige Beratung bekommt der Kunde hier allemal von jemandem, der sich auskennt – vom Erzeuger selbst.

Bioland-Hof Timmermann

Inhaber: Agnes und Wilhelm Timmermann

Sülldorfer Kirchenweg 237
22589 Hamburg

Telefon 00 49 (0) 40 / 87 04 05 4
Telefax 00 49 (0) 40 / 87 33 20

Ruhetag: Sonntag

Panetteria

Brot wird hier immer noch gebacken. Doch obwohl ihr Name es nahe legt, ist die Panetteria keine Bäckerei, sondern ein italienisches Restaurant in Hamburgs Westen. Ein Zufall ist diese Namensgebung jedoch nicht. Sie verweist auf die Backstube, die jahrzehntelang in den Räumen der Panetteria untergebracht war. Hausgemachte Pasta und eine gehobene italienische Küche haben heute Brötchen, Kuchen und andere süße Leckereien abgelöst. Letztere wird in Anbetracht der kulinarischen Köstlichkeiten, die Küchenchef Andreas Schmetzer frisch zubereitet, niemand vermissen. „Ich lege viel Wert auf Qualität und kaufe nur das Beste und Frischeste, was es auf dem Markt gibt." Dass das Ergebnis schmeckt, beweisen die vielen Gäste, die häufig erst in den frühen Morgenstunden satt und zufrieden nach Hause gehen – zu Zeiten, in denen hier einst der Bäcker mit seinem Tagewerk begann.

Obwohl Andreas und Merle Schmetzer im Interieur des Restaurants vieles verändert haben, sind die Kacheln an den Wänden und alte Schiebetüren erhalten geblieben. Lange Holztische und die leeren Weinkisten, die gestapelt an den Wänden stehen, ver-

Panetteria
Inhaber: Familie Schmetzer

Osdorfer Landstraße 4
22607 Hamburg

Telefon 00 49 (0) 40 / 82 11 31
Telefax 00 49 (0) 40 / 82 17 90

Ruhetag: Montag

leihen der Panetteria einen authentisch-rustikalen Charakter. Über der offenen Küche sticht eine große Schiefertafel ins Auge, die dem Gast Pasta-Klassiker schmackhaft macht. Auf der wöchentlich wechselnden Speisekarte findet man zudem besondere Leckerbissen. Dazu hält die Familie ein breit gefächertes Angebot an vorwiegend italienischen Weinen parat. Den Speisen entsprechend gibt es sowohl den traditionellen Wein als auch ausgewählte Tropfen, unter denen sich einige vornehme Franzosen befinden.
Gut zu wissen, dass hier alles frisch zubereitet auf den Tisch kommt: Wer es nicht glaubt, kann den Köchen bei der Arbeit über die Schultern sehen – die offene Küche macht's möglich. Interessant ist das allemal, wenn hier ab und an die Flammen hoch schlagen oder in Hochzeiten schon mal die Kochtöpfe fliegen.
Das südländische Temperament kann man dem Hamburger Andreas Schmetzer, der die italienische Küche über alles liebt, nicht absprechen. Einen lang gehegten Traum hat sich der gelernte Koch mit seiner Panetteria verwirklicht, die als wahrer Geheimtipp betrachtet werden kann. Von der Straße aus kaum einsehbar, befindet sich das Restaurant in einem Hinterhof. Angelockt wird der Gast noch immer durch den Geruch von frisch gebackenem Brot, der ihm schon auf der Straße in die Nase steigt.

Heilbutt mit Morchel-Nudeln

Zutaten
200 g Bandnudeln
1 EL Olivenöl
Für die Sauce:
2 Schalotten
2 Knoblauchzehen
150 g frische Morcheln
50 g kalte Butter
30 g getrocknete Tomaten
50 ml Weißwein
80 ml Sahne
Für den Fisch:
600 g Heilbutt
20 ml Olivenöl
2 Zweige Thymian
1 Zweig Rosmarin
5 Knoblauchzehen
Salz und weißer Pfeffer aus der Mühle
3 EL geschlagene Sahne
1 EL gehackte Petersilie
Salz, Pfeffer
Korianderblätter

Zubereitung
Bandnudeln in kochendem Salzwasser mit Olivenöl bissfest garen. Morcheln putzen und vierteln. Schalotten und Knoblauchzehen schälen, würfeln bzw. hacken und in einer Pfanne mit 20 g erhitzter Butter anschwitzen. Tomaten fein würfeln und kurz mitbraten, Morcheln dazugeben. Alles aus der Pfanne nehmen und warm stellen. Bratensatz mit Wein ablöschen, Sahne einrühren, die Soße etwas einkochen lassen. 30 g Butter unterheben. Fischfilets waschen, trocken tupfen, in ca. 2 cm dicke Scheiben schneiden und in einer Pfanne mit Olivenöl sanft anbraten. Wenden, Kräuter und ungeschälte Knoblauchzehen zugeben. Den Fisch mit Salz und Pfeffer würzen und bei niedriger Hitze in 3–6 Minuten fertig garen. Die Nudeln in der Sauce erwärmen, Morcheln dazugeben und alles durchschwenken. Sahne und Petersilie unterrühren. Pasta mit Salz und Pfeffer abschmecken und auf Teller verteilen. Die Fischfilets darauf anrichten. Mit Korianderblättchen garnieren.

FRISCHE FISCHE UND BUNTE LEBENDIGKEIT

„Nicht für 40, nicht für 30, nein für 20 Euro! Dafür gibt's nicht einen, nicht zwei, nein drei riesige Aale." Der forsche Fischverkäufer preist lautstark seine Ware an und hält demonstrativ drei der langen Fische in die Höhe: „Und obendrauf lege ich noch diese leckere geräucherte Makrele. Das ist fast geschenkt. Da müsst ihr zugreifen!"
Es ist Sonntag morgen. 9 Uhr. Auf dem Altonaer Fischmarkt herrscht reges Treiben. Dicht gedrängt schieben sich Besucherströme zwischen den Marktständen durch die Reihen. Vor der alten Fischauktionshalle tummeln sich die vielen Fischhändler, die ihre Waren besser, frischer und natürlich günstiger als die benachbarte Konkurrenz feilbieten. Egal ob roh, geräuchert, mariniert oder noch lebend, zum Mitnehmen oder Sofortessen – das Angebot ist riesig und verlockend.
Während der Fischmarkt im 18. Jahrhundert allein den Zweck erfüllte, die Bevölkerung mit Fisch zu versorgen, machen die Meerestiere heute nur noch einen Teil des riesigen Warenangebots aus. Etwa 700 Händler handeln hier mit allem, was nicht niet- und nagelfest ist: Obst, Gemüse und Blumen, Gewürze, Kleinvieh, süße Leckereien, Brot und Fleisch. Auch Antiquitäten, allerlei Kitsch, Schmuck und Kleidung werden angeboten. Wer es etwas ruhiger mag und zudem noch vom besten Angebot profitieren möchte, der kommt schon um fünf Uhr (im Winter um sieben Uhr). Zu dieser morgenfrühen Stunde wärmt man sich am besten mit einem Grog auf – natürlich nach hanseatischem Originalrezept „Rum muss, Zucker darf, Wasser kann".

„Aale-Dieter", „Bananen-Fred", „Käse-Tommi" und „Blumen-Udo" schonen jetzt noch ihre Stimmbänder. Später versammeln sie mit lustigen, teilweise derben, aber vor allem lauten Sprüchen eine bunte, kaufwillige Menschentraube um sich herum und entwickeln wahre Entertainerqualitäten.
Um 10 Uhr ist der ganze Spaß vorbei – Zeit, den Standort etwas genauer unter die Lupe zu nehmen. Was heute als homogene Einheit auftritt, war früher zweigeteilt. Ein Teil des Fischmarktes war Hamburger Terrain, der andere Altonaer (erst seit 1937 gehört der Stadtteil zur Hansestadt). Erbitterte Konkurrenzkämpfe lieferte man sich auf dem Marktareal und war sich auch ansonsten nicht gerade wohlgesonnen. „All to nah" (All zu nah) war nämlich noch im 16. Jahrhundert den Hamburger Ratsherren der kleine Handelskonkurrent westlich der Innenstadt.
Heute kann der lebendige, bunte und vielseitige Bezirk vielen gar nicht nah genug sein. Prunkstück ist das klassizistische Altonaer Rathaus mit seiner leuchtend weißen Fassade. In unmittelbarer Nähe verläuft die Prachtallee Palmaille, die in ihrem Verlauf zur Elbchaussee wird. Zum Bezirk Altona gehört zudem der grüne Stadtteil Bahrenfeld, der neben Hamburgs größtem öffentlichen Park, dem Volkspark, ausgedehnte Industrie- und Gewerbegebiete beheimatet. Ein ganz anderes Flair strahlt das quirlige Ottensen mit seinen engen Gassen, kleinen Läden und Bewohnern aus aller Welt aus. Eine bunte, multikulturelle Vielfalt der Küche ist vorprogrammiert. Kleine Straßencafés, Bistros und Restaurants freuen sich auf ihr gut durchmischtes Publikum. Ähnlich wie im benachbarten Altona laden auch in Ottensen attraktive Einkaufsstraßen und -zentren zum etwas entspannteren Shoppingvergnügen als auf dem Fischmarkt ein – wenn auch ohne unterhaltsame Showeinlagen.

FEINBEISSER CATERING

Komplimente wie diese bekommen Harald Pfeffer und sein Team nicht selten. Anlass zur Freude sind sie allemal, dennoch kein Grund, sich auf seinen Lorbeeren auszuruhen. Im Gegenteil, denn die selbst gesteckten Ziele von Feinbeisser Catering sind hoch, wie der Inhaber herausstellt: „Ich hoffe, dass wir unsere beste Veranstaltung noch nicht organisiert haben."

Harald Pfeffer setzt vor allem auf eins: Qualität. Frische Produkte, größtenteils aus Bio-Anbau, sind für ihn selbstverständlich. Von ihrer Hochwertigkeit überzeugt sich der erfahrene Caterer und gelernte Koch auch gerne selbst. Fünf Profiköche sorgen für eine optimale Verwertung der Zutaten und zaubern daraus tolle, bodenständige Speisen für Menus und Buffets. Das Ergebnis sind hausgemachte Leckereien, die liebevoll angerichtet zum „Anbeißen" aussehen und auch so schmecken. Da das Unternehmen eng mit einem Sommelier zusammenarbeitet, ist natürlich für den passenden Wein zum jeweiligen Essen und Anlass gesorgt.

Der Begriff „Qualität" wird von Feinbeisser aber noch weiter gefasst. Denn der Caterer versteht sich nicht allein als Partyservice,

„Ich möchte Ihnen für die hervorragende Organisation unserer Hochzeitsfeier danken." „Sie haben ein wunderbares Essen geliefert, ich hoffe auf weitere Zusammenarbeit mit Ihnen." „An dieser Stelle also nur ein großes Lob."

Feinbeisser Catering.
Party & Veranstaltungsservice
Inhaber: Harald Pfeffer

E-Mail info@feinbeisser.de
Internet www.feinbeisser.de

Telefon 00 49 (0) 40 / 39 90 73 40
Telefax 00 49 (0) 40 / 39 90 73 41

sondern als Komplett-Organisator für Veranstaltungen jeglicher Art ab 15 Personen. Jeder Bereich und jedes noch so kleine Detail sollen bestmöglich umgesetzt werden – von der geeigneten Location (im gesamten norddeutschen Raum) und dem notwendigen Equipment über Dekoration, Musik und Licht bis hin zum professionellen Personal und dem exzellenten Service. Unabdingbar ist die gute Beratung vorab, für die sich Harald Pfeffer auch gerne die jeweiligen Gegebenheiten vor Ort anschaut. Durch seine Eindrücke und gezielte Fragen kann er zum einen optimal abschätzen, was sinnvoll oder möglich ist und sich zum anderen ein Bild von den Wünschen der Kunden machen. Und die haben oberste Priorität. Was möglich ist, setzen Harald Pfeffer und sein Team um – manchmal sogar, was unmöglich scheint. Der Inhaber erinnert sich an eine besondere Herausforderung: „Wir wollen nächste Woche heiraten. Können Sie das organisieren?" Der Anruf eines jungen Pärchens sorgte erst einmal für Erstaunen, zumal nichts außer dem Datum feststand. Jetzt galt es, das Was, Wo und Wie in kürzester Zeit auf die Beine zu stellen. Das Ergebnis

war eine perfekt organisierte, spontane Traumhochzeit, von der sowohl Gäste als auch Brautpaar begeistert waren. Für sein Engagement wurde Feinbeisser Catering mehr als entschädigt – mit tollen Komplimenten.

Brassato vom Jungschwein im Rosmarinfond mit Limonenpolenta, gebackenem Salbei und gratiniertem grünen Spargel

Zutaten

1 kg Schweinenacken
(am besten Spanferkel oder Bio-Ware)
je 100 g Karotten- Sellerie und Lauchwürfel
Rotwein
1/2 l Milch
30 g Butter
Limonenschale
150 g Polenta
1 Eigelb
1 kg grüner Spargel
Salz, Pfeffer, Knoblauch
Olivenöl
Parmesan
Salbei
Rosmarin
1/2 Chilischote

Zubereitung

Das Fleisch mit Salz, Pfeffer und Knoblauch einreiben, dann scharf anbraten, Gemüsewürfel dazugeben und mit Rotwein ablöschen. Etwa 2,5 Stunden bei 160 °C im Ofen garen, ab und zu wenden.
Für die Polenta Milch, Butter und Limonenschale aufkochen, Polenta hinzugeben. Das Ganze unter ständigem Rühren 10 Minuten kochen. Eigelb, Salz und Pfeffer hinzugeben. In eine Form füllen, warm stellen.
Salbei in heißem Öl knusprig frittieren, auf Küchenpapier abtropfen lassen. Spargel waschen, zur Hälfte schälen, flach auf ein Blech legen. Salzen, pfeffern, mit Olivenöl beträufeln und mit Parmesan bestreuen. Im Ofen die letzten 15 Minuten mitbacken.
Fleisch aus dem Fond nehmen, warm halten. Fond aufkochen und Rosmarin, Chili und Salz zugeben und abschmecken.

DIE SCHWÄBIN

„En Guada" wünscht die freundliche Bedienung, nachdem sie das Essen an den Tisch gebracht hat – stilecht im schwäbischen Dialekt für „Lassen Sie es sich gut schmecken!" Wer in Die Schwäbin einkehrt, kann sich zur „Väschbr" über eine authentische schwäbische Küche mit Maultaschen, Kässpätzle und Leberkäs freuen. Wer zudem Buabaspitzle, Gaisburger Marsch, Kratzede oder Ofenschlupfer probieren möchte, sollte unbedingt Hamburgs einziges Restaurant mit Spezialitäten aus dem Schwabenland besuchen: „Ich möchte den Hanseaten ein Stück süddeutsche Lebensart vermitteln", erklärt Inhaberin Karin Amos, „und den Schwaben unter ihnen ein Heimatgefühl geben." Als gebürtige Heilbronnerin hat Amos selbst mehr als einmal in Hamburg das Essen ihrer Heimat vermisst. Um dem Abhilfe zu schaffen, eröffnete sie Ende 2005 ihre Schwäbin. Und hier ist tatsächlich alles schwäbisch: Vom Namen, den Gerichten, der Inhaberin und Küchenchefin über die frischen Produkte, die direkt aus dem „Schwabenländle" bezogen werden bis hin zur gemütlich-rustikalen Einrichtung.

Wer das Restaurant betritt, wird erst einmal mit einem freundlichen „Grüß Godd" begrüßt und an einen der dunklen Holztische im Raucher- oder Nichtraucherbereich geführt. Die Farben rot und grün, die schon den Namensschriftzug der Schwäbin prägen, findet man im Gastraum an den dunkelroten, massiven Säulen und der grünen Lederpolsterung auf den Stühlen wieder. Hat man erst einmal Platz genommen und einen Blick in die Karte geworfen, hilft die Bedienung gerne bei der Übersetzung der teil-

Restaurant Die Schwäbin

Inhaberin: Karin Amos

Große Brunnenstraße 41
22763 Hamburg

Telefon 00 49 (0) 40 / 39 90 20 06

Kein Ruhetag

weise recht exotisch klingenden Begriffe weiter. Bestellt werden darf aber auf Hochdeutsch, denn wie die Karte offenbart, sind Schwaben ja „weltoffene Leute". Daher muss der Gast auch vorher keine Nachhilfestunde in Geografie belegt haben: Karin Amos klärt den unwissenden Hanseaten gerne darüber auf, wo eigentlich das Schwabenland auf der Landkarte zu finden ist. Für den unwissenden Leser: Es entspricht dem Gebiet Württemberg. „Aus dieser Region kommen exzellente Weine, die in Hamburg bis heute leider viel zu wenig Beachtung finden", meint die Schwäbin und führt deshalb konsequent nur Weine aus württembergischen Weingütern auf der Karte, die sie auch direkt vor Ort bezieht. Selbstverständlich hält der Service zu den deftigen Gerichten auch ein gutes, stilechtes Weizenbier bereit. So sehr Amos in ihrem Restaurant die schwäbische Lebensart hoch hält, so sehr ist ihr auch die norddeutsche Stadt, in der sie seit über zehn Jahren lebt, ans Herz gewachsen: „Ich fühle mich als Hamburgerin. Für mich gibt es keine schönere Großstadt in Deutschland." Wenn das nicht gute Aussichten dafür sind, dass Die Schwäbin den Nordlichtern noch lange erhalten bleibt! An den Gästen dürfte es jedenfalls nicht scheitern. Die kommen gerne wieder, denn selbst die Preise sind hier schwäbisch und machen der sprichwörtlichen Sparsamkeit dieses Menschenschlages alle Ehre: eben alles richtig „günschtig".

Ofenschlupfer

Zutaten

4–6 Scheiben altbackenes Brot
300 ml Milch
6 leicht säuerliche Äpfel
250 g Zucker
Zimt
6 Eier
1/2 l süße Sahne
50 g Butter

Zubereitung

Den Backofen auf 160 °C vorheizen. Die Brotscheiben in etwas Milch einweichen, Äpfel schälen, vom Kerngehäuse befreien und fein schneiden. Eine Springform mit Backpapier auslegen, eine Schicht des eingeweichten Brotes hineingeben. Die Äpfel darauf legen, mit Zimtzucker (etwa 50 g) bestreuen und mit dem restlichen Brot bedecken. Die verbliebene Milch, die aufgeschlagenen Eier, 200 g Zucker und die Sahne verquirlen und in die Backform gießen. Butterflocken auflegen und das Ganze im vorgeheizten Backofen 1 1/2 Stunden backen. Nach 1 Stunde die Form mit Alufolie abdecken.

Den Ofenschlupfer auf ein Tortenblech stürzen, mit etwas Zimtzucker und Butterflocken bestreuen und bei Oberhitze kurz überbacken. Lauwarm mit Vanillesauce servieren.

Restaurant Lo Spuntino

Inhaber: Carlo Lo Paro

Lobuschstraße 26
22765 Hamburg

Telefon 00 49 (0) 40 / 39 80 77 92

Ruhetag: Mittwoch

Regenwetter kann auch seine guten Seiten haben – zumindest für Anna und Carlo Lo Paro: „Unsere Gäste kommen gerade dann, wenn es draußen ungemütlich ist. In Hamburg haben wir da natürlich keine schlechten Karten.“ Der Grund dafür ist einfach: Das kleine italienische Spezialitäten-Restaurant Lo Spuntino befindet sich im Souterrain und kann daher von nur wenig natürlichem Licht profitieren. Dieses kleine Manko wird nicht allein durch die gemütliche, stilvolle Einrichtung in warmen roten Farbtönen wieder wettgemacht, sondern vor allem durch die Herzlichkeit des sizilianischen Padrone und seiner Frau: „Man muss erkennen, was die Leute wollen. Wir gehen auf Wünsche ein und kreieren auch spontan neue Gerichte“ – so das Erfolgsrezept von Carlo Lo Paro, der sich fürsorglich um seine Gäste kümmert. Seine Frau Anna arbeitet währenddessen mit Herz und Gefühl als „Herrin am Herd“ und ist dafür verantwortlich, dass die Teller häufig blitzblank – wie geleckt – zurück in die Küche gehen. Nicht auf kleine Portionen ist dies zurückzufüh ren, wie der irreführende Name Lo Spuntino, auf deutsch „Imbiss“, andeutet, sondern auf die gute Qualität des Essens. Die kleine Speisekarte beinhaltet überwiegend Fischgerichte und hausgemachte Pasta und wird von einer Tageskarte abgerundet: „Wir lassen uns vom Angebot auf dem Markt inspirieren,“ verrät Anna Lo Paro, „aus den frischen Zutaten koche ich abends meine Gerichte.“ Und das tut sie meisterhaft. Nicht umsonst ist ihr bereits der Titel „ Regina dei sughi“, zu deutsch „Königin der Soßen“, von einem Gast verliehen worden. Hier lohnt es sich, auch bei schönem Wetter vorbeizuschauen. Wie gut, dass es in Hamburg trotzdem häufiger mal regnet.

Helbing Kümmel

Ob im Sternerestaurant, in der Eckkneipe oder im eigenen Kühlschrank, „Helbing Kümmel" gehört in Hamburg einfach dazu. Das hanseatische Nationalgetränk, seines Zeichens die bekannteste Spirituose Norddeutschlands, trinkt man nach einem deftigen Essen als „Verteiler", gerne auch als kulinarisches Highlight nach einem leichten Menü. Als Aperitif ist er beliebt, zum Bier ebenso oder einfach pur: einen guten Grund für „Helbing" gibt es immer. Die Traditionsspirituose mit dem dezenten Kümmelaroma garantiert beste Bekömmlichkeit und ist durch den mild-würzigen Geschmack bei Frauen wie Männern gleichermaßen beliebt.
Welche Zutaten dafür sorgen, ist ein wohlgehütetes Geheimnis – und das seit über 170 Jahren mit unveränderter Rezeptur. Bereits 1836 destillierte Gründer Heinrich Helbing in seiner gleichnamigen Brennerei

den ersten „Helbing Kümmel". Heute ist Hamburgs älteste Spirituose der Borco-Marken-Import-Gruppe angegliedert und wird damit wie eh und je in der Hansestadt produziert.
Und die Erfolgsgeschichte von „Hamburgs feinem Kümmel" reißt nicht ab. Längst hat er sich einen Namen als hochwertiger Digestif gesichert, wird auf Staatsempfängen im Rathaus getrunken und ist über die norddeutschen Grenzen hinaus bekannt. Bundesweit wird der milde Klare vertrieben und gilt als erfolgreichster deutscher Kümmel. Sogar in die USA wurden die ersten Flaschen bereits verschifft, haben viele deutschstämmige Emigranten doch „ihr" Nationalgetränk vermisst.
Für den „Nachwuchs" ist ebenfalls gesorgt: In der Miniaturflasche (2 cl) bereitet nun auch „der lütte Helbing" höchsten Kümmelgenuss für zwischendurch: Einen guten Grund für „Helbing" gibt es schließlich immer.

Helbing Kümmel
BORCO-Marken-Import

Winsbergring 12–22
22525 Hamburg

Telefon 00 49 (0) 40 / 85 31 60
Telefax 00 49 (0) 40 / 85 85 00

KOCHSCHULE HAMBURG

„Kennt Ihr einen Trick, wie man Zwiebeln schneidet, ohne dabei zu weinen?“ Die Frage von Thomas Krause hängt in der Luft, genau wie herrliche Düfte nach frischen Kräutern und Gewürzen, geschälten Karotten und Ingwer. Wo wir uns gerade befinden, offenbaren die Kochschürzen der zehn eifrig werkelnden Frauen und Männer: „Kochschule Hamburg – entdecke die Leidenschaft“. Das so liebevoll aufgedruckte Motto scheint aufzugehen. Gemeinsam mit denen, die den Spaß am Kochen bereits entdeckt haben und einen aktiven kulinarischen Abend verbringen möchten, schneidet, schnipselt, püriert und hackt selbst der größte Küchenmuffel – er hat den Kurs als Gutschein erhalten – mit sichtlicher Freude. Man unterhält sich, schaut sich gegenseitig über die Schulter, ist ein wenig schadenfroh, dass ein anderer die Sahne von Hand schlagen muss und befolgt die Anweisungen von Kochleiter Thomas Krause. Dieser setzt mit einem kurzen „Mach mal“ großes Vertrauen in die handwerklichen Fähigkeiten der Teilnehmer, greift bei Bedarf aber auch unter die Arme. Nützliche Tipps bekommen die Künstler am Herd auch: „Nehmt einfach einen großen Schluck Wasser in den Mund, dann ist es mit den Tränen beim Zwiebelschneiden vorbei.“

Krause profitiert von seiner langjährigen Gastronomieerfahrung, die er im Sternerestaurant genauso wie in einer Kantine, als Angestellter und Selbstständiger, in Deutschland, Italien und Südafrika sammeln konnte. Sein Wissen gibt er mit sichtlichem Spaß an die Kochschüler weiter: „Mein Ziel ist

Kochschule Hamburg

Inhaber: Thomas Krause

Beim Alten Gaswerk 1
22761 Hamburg

Telefon 00 49 (0) 40 / 33 31 08 60
Telefax 00 49 (0) 40 / 33 31 08 61

Termine auf Anfrage

nicht, den Leuten an einem Abend das Kochen beizubringen, sondern vielmehr den Anreiz dazu zu geben, in der Küche kreativ zu sein", so Krause: „In meiner Kochschule soll man mit dem Gefühl nach Hause gehen, ein Event erlebt zu haben." Da sind natürlich nicht allein Kochkünste gefragt, sondern auch Entertainerqualitäten, die nicht zuletzt ein Grund sind, warum das einzigartige Konzept in der Hansestadt so erfolgreich funktioniert (mittlerweile hat Krause auch in anderen Großstädten seine Kochschule eröffnet).
Die große Bandbreite an Kursen ist ein weiterer Pluspunkt. Ob Anfänger oder Profi, traditionell oder asiatisch, Fingerfood oder 5-Gänge Menü, ob Single oder Firmengruppen – die Kochschule Hamburg wird jedem auch noch so individuellen Wunsch gerecht. Seit einiger Zeit gibt der Profikoch auch Kurse für Kinder.
Während die Kleinen in einem separaten, auf sie abgestimmten Küchenstudio kochen, arbeiten die Erwachsenen in einer schicken, großzügigen Küche, die schon häufig Kulisse für Werbeaufnahmen war und auch Tim Mälzer als „Arbeitsplatz" diente.
Das Equipment ist ideal auf die private Nutzung abgestimmt und nicht auf die einer Restaurantküche. Die Zutaten sprengen niemals die Einkaufsliste und können einfach und schnell zu leckeren Gerichten verarbeitet werden. Zu Hause nachkochen lohnt sich allemal, mehr Spaß macht es aber, wenn man die Kreationen in Gesellschaft an der großen Tafel in der Kochschule Hamburg genießt.

Karotten-Ingwersuppe

Zutaten für 6 Personen
8 Karotten
1 Zwiebel
1 Stück Ingwerwurzel
1 l Hühnerbrühe
1/2 Bund frischer Koriander
100 ml Sahne
Saft von 1 Orange
1 Chilischote
125 g Butter
100 ml Milch
Salz, Pfeffer, Zucker, Muskat, Olivenöl
2 TL Sesam

Zubereitung
Karotten, Ingwer und Zwiebel in kleine Würfel schneiden, in einem Topf mit Olivenöl glasig anschwitzen. Mit Hühnerbrühe auffüllen und bei schwacher Hitze 15 Minuten köcheln lassen. Wenn alles weich gekocht ist, die Suppe mit einem Stabmixer gut pürieren. Koriander waschen, fein schneiden, mit der Sahne und der entkernten, klein geschnittenen Chilischote hinzugeben. Die Suppe mit Orangensaft, Salz und Muskat abschmecken. Dann Butter würfeln und unter die Suppe mixen. Die Milch leicht erwärmen und zu Milchschaum aufschlagen. Sesam rösten. Die Suppe in vorgewärmte Tassen füllen, mit Milchschaum, Sesam und einem Korianderzweig garnieren.

KYPROS

Restaurant Kypros
Inhaber: Akis Telioridis

Spritzenplatz 18
22765 Hamburg

Telefon 00 49 (0) 40 / 39 38 63

Kein Ruhetag

Komplimente bekommt Akis Telioridis nicht nur gerne selbst, er verteilt sie auch mit Freude: „Meine Gäste sind toll! Einfach nett. Es ist keine Schwierigkeit, hier jeden Tag gute Laune zu bekommen." Der Inhaber des Restaurants Kypros kann da in seiner Rolle als perfekter Gastgeber so richtig aufgehen: „Jeder Gast wird bei uns herzlich mit Handschlag begrüßt. Der aufgeweckte Service und das professionelle Küchenteam erfüllen selbstverständlich auch spezielle Essenswünsche." Akis Telioridis ergänzt: „Man muss seine Gäste pflegen." Für den engagierten Unternehmer, der freundschaftlich „Aki" gerufen wird, gehört dazu auch eine Menge Fingerspitzengefühl. So spendiert er gerne mal ein Glas Wein oder Bier, um sowohl Stammgästen als auch Fremden den gemütlichen Abend möglichst lange zu erhalten. Gleich doppelt so wohl fühlt sich da jeder – und natürlich willkommen. Attraktiver Anlaufpunkt ist das im Zentrum von Hamburg-Ottensen gelegene Restaurant nicht nur für die Anwohner, sondern darüber hinaus für Gäste aus ganz Hamburg. Durch seine zentrale Lage an einem belebten Marktplatz hat sich das Kypros als „der Grieche am Spritzenplatz" in vielen Köpfen einen guten Namen gemacht. Obschon das in einem historischen Häuschen beheimatete Restaurant seit mittlerweile 30 Jahren besteht, ist sein Geheimtipp-Charakter erhalten geblieben. Im Jahre 1992 hat Telioridis das Kypros, in dem er lange Zeit als Angestellter gearbeitet hat, übernommen und modernisiert.

Neben dem guten Service sorgen das warme, einladende Ambiente und das hervorragende Essen dafür, dass die Gäste ihrem „Aki" über die vielen Jahre treu geblieben sind. Neues Publikum kommt beständig hinzu. Ob Gyros, Lammfilet, Souflaki, Moussaka oder auch Dorade – die Speisen sind nach traditionell griechischer Art zubereitet und schmecken einfach lecker. In Verbindung mit einem guten Glas griechischen Weines werden schnell Erinnerungen an den letzten Urlaub wach. Viel Wert legt Telioridis auf die Verwendung von frischen, hochwertigen Zutaten und auf die zeitnahe Zubereitung in liebevoller Handarbeit. Das Brot wird täglich selbst gebacken; ebenfalls hausgemacht sind Tzatziki oder Thunfischmousse. Außerdem ist die Beständigkeit des Essens sowohl in der Qualität als auch in der Auswahl der Gerichte ein Erfolgsgarant. Im Kypros kann man sicher sein, auch beim nächsten Besuch sein Lieblingsgericht zu bekommen.
Voller Vorfreude gehen die Gäste daher jedes Mal zum „Griechen am Spritzenplatz" und bringen viel gute Laune mit, die Akis Telioridis und sein Team mit südländischer Gastfreundlichkeit gleichermaßen zurückgeben.

Moussaka

Zutaten für 12 Personen
3 kg gemischtes Hackfleisch (Rind und Schwein)
8 Kartoffeln
4 Auberginen
1 kg Schafskäse
8 EL Mehl
4 EL Butter
2 EL Milch
4 Eier
Muskat, Salz, Pfeffer
Öl
Käse

Zubereitung
Auberginen und Kartoffeln in Scheiben schneiden und in Öl anbraten. In eine feuerfeste Form zuerst eine Schicht Kartoffeln legen, darauf eine Schicht Auberginen. Das Hackfleisch anbraten und als weitere Schicht obenauf geben. Danach folgt der Schafskäse. Schichtung in der gleichen Reihenfolge noch einmal wiederholen.
Für die Béchamelcreme Butter in einem Kochtopf erwärmen und unter Rühren Mehl, Milch sowie Eier hinzufügen. Die erhitzte Soße mit Muskat, Salz und Pfeffer würzen und über die Moussaka-Schichtung geben. Etwas geriebenen Käse darüber streuen. Das Moussaka bei 180–200 °C etwa 15 Minuten goldbraun überbacken.

CLAUS KRÖGER

Düfte von röstfrischem Kaffee, aromatischem Tee, edler Schokolade und Pralinen erfüllen den Raum mit einem angenehmen Aroma. „Oh, wie riecht das gut“ freuen sich daher die Kunden, wenn sie das kleine Feinkostladengeschäft Claus Kröger betreten. Sein nostalgischer Charme lässt den Lärm und Trubel der belebten Großen Bergstraße schnell vergessen. Fast scheint es, als wäre die Zeit stehen geblieben. Eine riesige alte Theke, historische Holzschränke und sechs antike Kaffeeschütten aus Messing erinnern an vergangene Zeiten.

Denn eröffnet wurde das schmucke Geschäft schon im Jahre 1904 von Claus Kröger, der seinerzeit unter dem Namen „Elmshorner Mühle“ eine Getreidesammelstelle führte. Anfang der 1930er Jahre entwickelte sich der Betrieb zu einem Kolonialwarenhandel mit kleiner Kaffeerösterei, den Enkel Michael Kröger vor etwa 40 Jahren beständig zu spezialisieren begann und der seither unter

Claus Kröger
Inhaber: Michael Kröger

Große Bergstraße 241
22767 Hamburg

Tel./Fax 00 49 (0) 40 / 38 06 06 0

Ruhetag: Sonntag

dem Namen „Claus Kröger“ Spezialitäten für den anspruchsvollen Gaumen anbietet. Das heute sehr umfangreiche Sortiment wurde nach und nach mit erlesenen Tee- und Kaffeesorten, Schokolade, Wein, Konfitüren, herzhaften Delikatessen, Geschirr und Kunstgegenständen aufgestockt.
Ihre hochwertigen, nicht selten exklusiven Produkte beziehen Michael Kröger und sein Sohn Florian ausschließlich von kleinen, individuellen Betrieben, die für gute Qualität garantieren: „Häufig machen wir uns selbst vor Ort ein Bild und führen präzise Verkostungen durch“, erläutern die zwei Unternehmer: „In Frankreich haben wir zum Beispiel einen tollen Chocolatier gefunden, der uns mit köstlich-feiner Schokolade und ausgefallenen, faustgroßen Pralinen beliefert, die unsere Kunden über alles schätzen.“ Eine Claus Kröger-Eigenmarke ist das Marzipan, das in einer Berliner Manufaktur hergestellt wird und sich weit über Hamburgs Grenzen hinaus großer Beliebtheit erfreut. Frisch, mit geringem Zuckergehalt und hochprozentiger Bitterschokolade überzogen, erliegt man schnell dem unnachahmlichen Geschmack. Das Feinkostgeschäft hat zudem die zarte toskanische Amedei-Schokolade oder die kreative, exklusive St. Pauli-Schokolade mit Bier und Korn im Sortiment. Viele Schokoladen korrespondieren mit einem guten Glas Wein, welchen „Claus Kröger“ von ebenfalls kleinen, ausgewählten Weingütern in Frankreich, Italien oder Deutschland bezieht. Wenn es um die Kombination von edler Schokolade und Rebsaft geht, fragen sogar Sommeliers die zwei Experten um Rat.
Wer das Besondere sucht, ist hier richtig: Auch die gut 300 Teesorten (zum Beispiel erlesener Darjeeling Tee) sind ganz spezielle Mischungen, die für einzigartigen Genuss garantieren. Der weiße, naturbelassene Pai-Mu-Tan mit fein-zartem Aroma gehört zu den besten Tees der Welt. Mit seiner Begabung, den Charakter des aromatischen Getränks anhand von Duft und Aussehen zu erkennen und zu erschmecken, ist Florian Kröger nicht nur Experte im Teeeinkauf,

sondern auch kompetenter Berater für die Kunden, nicht selten für die gehobene Gastronomie. Was den Kaffee betrifft, so ist die Auswahl an gelungenen Mischungen auch hier eine besondere. Einen Namen hat sich „Claus Kröger“ mit reinen Espressosorten wie dem Kenia Pearl gemacht. Ob gemahlen oder in ganzen Bohnen – die Vorfreude auf eine gute Tasse wächst schon im Laden mit dem Geruch frischen Kaffees.

Die exquisiten Produkte können zudem bestellt werden: „Gerne beliefern wir auch Kunden, die fernab von Hamburg in den Genuss unserer Spezialitäten kommen möchten. Darunter sind sogar Japaner, Engländer und Franzosen“, freut sich Florian Kröger. Beim Öffnen eines jeden Paketes empfängt den Genießer garantiert eine kleine Portion des Duftes vom puren Genuss.

PANEM ET SALIS

Gekleidet in unaufdringlichem Schwarz, asiatisch anmutend, balancieren die jungen Frauen und Männer geschickt mundgerecht portionierte Leckereien auf bunten Acrylplatten. „Vorsicht! Sehr scharf!“ warnt die Bedienung einen Gast, der sich neugierig ein Reispapierröllchen mit pikant gefülltem Gemüse nimmt. „Das ist ein Karotten-Nuss-Muffin mit Entenleberparfaitfüllung“, beantwortet eine weitere sympathische Servicekraft den fragenden Blick zweier Geschäftspartner. Mit zufriedenem Kopfnicken geben sie zu verstehen, wie sehr ihnen der kleine Kuchen schmeckt.

Wer für exzellenten Service und hervorragendes Essen verantwortlich ist, gibt eine unauffällige rote Stickerei am Nacken jeder Bluse preis: Panem et Salis. Das erfolgreiche Cateringunternehmen kümmert sich um die Komplettorganisation von Veranstaltungen jeder Art, darunter bereits sehr viele für namhafte Firmenkunden. Für den Cirque du Soleil ist Panem et Salis sogar der offizielle deutsche Caterer.

Der Standort Hamburg hindert nicht daran, auch ein Catering in München, Berlin oder Frankfurt auszurichten. Kein Problem für Inhaber Florian Koch und sein Team: „Was vorbereitet werden kann, wird in unserer Hamburger Küche hergestellt. Die Einzelteile verladen wir in unsere Transporter, die sie an das jeweilige Ziel in ganz Deutschland,

Hinter den Kulissen sind emsige Hände damit beschäftigt, geschickt die letzten Finger- und Forkfoodplatten in akkurat-schnörkelloser Harmonie anzurichten. Währenddessen hat sich das professionelle Servicepersonal bereits unter die illustre Gästeschar gemischt.

Panem et Salis
Gastronomie- und Veranstaltungsservice
Inhaber: Florian Koch

Langbehnstraße 8
22761 Hamburg

Telefon 00 49 (0) 40 / 88 16 80 78
Telefax 00 49 (0) 40 / 88 16 80 79

gerne auch Europa, bringen. Vor Ort werden in einer mobilen Küche die Speisen zeitnah, à la minute, gekocht und optisch ansprechend zubereitet." Die stilvollen Raum- und Tischdekorationen sind meist schon einen Tag im Voraus fertig. Nach der Veranstaltung kümmert sich ein professionelles Team um einen reibungslosen, schnellen Abbau.
Ob für Buffets, Menüs, Canapées oder Fingerfood, die einzelnen, qualitativ sehr hochwertigen Speisen tragen eine individuelle Note und werden gerne auf die Kundenwünsche abgestimmt. Die Küche ist leicht, frisch und modern mit vielen asiatischen Elementen gespickt, die wiederum mit einem Hauch Karibik und Südsee umspielt werden. Klassische Speisen werden aufgepeppt, gerne auch neue und außergewöhnliche Kombinationen ausprobiert. Das Ergebnis sind einfallsreiche Kreationen wie ein süßes Sorbet mit Basilikumpesto oder ein Gurkensalat mit Vanillevinaigrette und Jakobsmuscheln. Als passende Begleiter empfiehlt Florian Koch junge Weine aus Südafrika, Neuseeland oder Australien.
Extravagant ist vor allem die sehr puristische Dekoration, die auf die Optik der Speisen selbst reduziert ist. Dabei geben die Acryl- und Plexiglasplatten, auf denen das Essen angerichtet wird, mit optimaler Beleuchtung ein faszinierendes Farbenspiel ab. Bei Geschirr, Tischwäsche und Servietten setzt Panem et Salis auf das klassische Weiß, welches seine edle Wirkung nicht verfehlt. Außerdem lässt es das köstliche Essen noch stärker in den Vordergrund treten. Dezent im Hintergrund hält sich dagegen das zuvorkommende Servicepersonal, das jedoch stets zur Stelle ist, wenn der Gast es braucht – meist schon, bevor er selbst überhaupt diesen Gedanken äußern konnte: ein perfekter Abend, der entspannt und wie zufällig zu funktionieren scheint ... Panem et Salis hat erreicht, was es wollte.

Kleine Panem et Salis Fingerfood-Variationen

Kleine Spieße von gebackenem Schafskäse mit geräucherter Paprika und minz-marinierter Wassermelone

Saté-Spieße von rosa gebratenem Thunfisch im Papaya-Sesammantel mit gehobelter Kokosnuss

Gratin vom Ziegenfrischkäse mit karamellisiertem Babyapfel auf frisch gebackenem Lavendelciabatta

Bündchen von Parmaschinken und mariniertem weißen Spargel mit Mandel-Vanille-Pesto

Crispy Chocolate – dreierlei hauchdünne Schokoladenlollies mit Orange-Chili, Limonengras und Rosenkaramell

MESS

Restaurant Mess
Inhaber: Tobias Strauch

Turnerstraße 9
20359 Hamburg

Telefon 00 49 (0) 40 / 43 41 23
Telefax 00 49 (0) 40 / 43 25 01 53

Kein Ruhetag

Event und Catering Mess

Telefon 00 49 (0) 40 / 43 25 01 52

Weinhimmel Mess
(gegenüber dem Restaurant)

Telefon 00 49 (0) 40 / 43 27 71 16

Zu einem trendigen Szenequartier hat sich seit einigen Jahren das Karolinenviertel gemausert. Mit der Sanierung vieler Gebäude ist gerade die junge Designerszene hier ansässig geworden. Werbeagenturen tummeln sich neben kleinen, individuellen Ladengeschäften und Manufakturen und machen den Reiz des Viertels aus. In dieser Umgebung findet man im Souterrain in einer eher unscheinbaren Einbahnstraße das Restaurant Mess mit einer gehobenen, jungkreativen Küche.

Goldene Intarsien in den Wänden und liebevoll eingedeckte Tische verleihen den verwinkelten Gasträumen ein ganz besonderes Flair. Auch im Garten, der sich im ruhigen Hinterhof befindet, fühlt man sich wohl. Natürlich speisen hier gerne die kreativen Köpfe der Stadt, viele Geschäftsleute, aber auch verliebte Pärchen, die gezielt das Mess aufsuchen, um eine europäische Küche mit asiatisch-orientalischen Einflüssen zu genießen. Zu empfehlen sind die abwechslungsreichen Menüs mit korrespondierenden Weinen. Zu jedem Gang bekommt der Gast ein neues Glas Wein, das perfekt auf das jeweilige Essen abgestimmt ist.

Für den richtigen Wein sorgt die Weinhandlung des Mess – der Weinhimmel – der sich direkt gegenüber befindet. „Wir führen ein breit gefächertes Sortiment an authentischen Weinen aus aller Welt“, so Inhaber Tobias Strauch: „Unsere Weine haben – genau wie das Essen – eine individuelle Note. Bei uns trinkt man handgemachte Weine und keine

Massenware.“ Nicht allein der Gast, der sich bei Bedarf sogar nach Ladenschluss im Weingeschäft seinen Favoriten aussuchen kann, profitiert von dem Angebot an etwa 600 edlen Tropfen. Der Weinhimmel Mess ist ein eigenständiger Betrieb, in dem neben der Gastronomie auch Privatpersonen ihre Weine beziehen. Die Auswahl an ausgesuchten Feinkostartikeln und Delikatessen ist dabei nicht zu vernachlässigen. Auch für den kleinen Hunger ist gesorgt: An einer Bistrotheke bekommt der Gast kulinarische Kleinigkeiten, die er in lockerer Atmosphäre an Stehtischen zu sich nehmen kann. Warum nicht gleich vor Ort schon ein Glas Wein probieren?

Doch damit nicht genug: Der Weinhimmel verfügt auch über einen Degustationsraum für etwa 20 Personen. Hier werden Weinverkostungen durchgeführt; zudem greift das Mess gerne für geschlossene Veranstaltungen darauf zurück. Für größere Gesellschaften empfiehlt es sich, den Event- und Cateringservice in Anspruch zu nehmen. Private und geschäftliche Feiern werden bis ins letzte Detail geplant – von der Suche nach der Location über das Servicepersonal bis hin zu den hervorragenden Speisen. Wem gute Referenzen nicht genug sind, der kann sich durch ein Testessen im Restaurant selbst davon überzeugen, dass er im Mess an der richtigen Adresse ist.

Hähnchenbrust mit Haselnusskruste und Orangenbutter an Blattsalaten mit Orangendressing

Zutaten

4 Hähnchenbrustfilets
Blattsalate nach Wunsch
1 Birne
1 Orange
Walnüsse

Für die Haselnusskruste:

60 g Butter (zimmerwarm)
30 g gemahlene Haselnüsse
30 g Semmelbrösel
1 TL Honig
Salz, Pfeffer

Für das Dressing:

1 Ei
1 TL Zucker
1 Messerspitze Senf
Salz, Pfeffer
10 ml Weißweinessig
90 ml Speiseöl
10 ml Nussöl
2 Orangen

Zubereitung

Für die Haselnusskruste sämtliche Zutaten miteinander vermengen. Hähnchenbrust würzen und von einer Seite anbraten. Dann wenden und mit der Haselnusskruste überziehen, im Ofen bei 200 °C etwa 10 Minuten goldbraun überbacken.

Für das Dressing die Zutaten mixen, erst am Ende langsam das Öl einrühren. Danach den Saft der Orangen hinzugeben. Den Salat mit dem Dressing marinieren und auf großen Tellern anrichten. Mit Birnenspalten, Orangenfilets und Walnüssen garnieren.

Warme Orangenbutter um den Salat geben. Die Hähnchenbrüste in drei Teile schneiden und auf der Soße anrichten.

Ein herrlicher Duft und eine bunte Farbenpracht umgeben das geschäftige Treiben. Geschützt vor Wind und Wetter flaniert man mit prall gefüllten Einkaufskörben oder in Papier eingewickelten Kleinigkeiten unter dem historischen Straßenbahnviadukt – zum Kaufen, Schauen und Sich-inspirieren-lassen. Der legendäre Isemarkt verbreitet eine einmalige Atmosphäre: Mediterraner Charme trifft auf nordische Gelassenheit. Urlaub, Fernweh und eine gute Portion Heimatgefühl bekommt der Marktbesucher hier zweimal wöchentlich. Jeweils Dienstag und Freitag reiht sich auf Europas längstem Freiluftmarkt mit 970 Metern Länge dann Marktstand an Marktstand. Die meisten Händler kommen schon seit Jahrzehnten und haben das Geschäft von ihren Eltern oder Großeltern übernommen.
Während über den Köpfen der bunten Schar die U-Bahn poltert, widmet man sich den frischen Waren aus der Region und aus aller Welt. Selbst namhafte Köche lassen sich ihren Besuch auf dem Isemarkt nicht nehmen. Denn ob knackiges Obst und Gemüse, hochwertiger Fisch und erstklassiges Fleisch, selbstgemachte Pasta und Pralinen, goldgelber Käse, leckere Antipasti, Bio-Lebensmittel, knuspriges Brot oder Kräuter und Gewürze – hier gibt es nichts, was es nicht gibt. Und das in Top-Qualität! In Form kleiner Kostproben kann sich jeder Besucher selbst davon überzeugen. Unter den rund 250 Ständen fehlen natürlich auch Blumen, Kleidung und Geschenkartikel nicht.
Eingerahmt wird der Isemarkt von uralten Kastanienbäumen und Jugendstillvillen mit ornamentreich verzierten Fassaden, die so typisch sind für den angrenzenden Stadtteil Eppendorf. Das vornehme Wohnviertel bietet vor allem eins: hohe Lebensqualität. Parks und Grünanlagen, früher Landsitze hanseatischer Kaufleute, und idyllische Kanäle laden zum Entspannen in citynaher Lage ein. Noble, kleine Läden und Boutiquen sorgen zusammen mit einer bunten Mischung angesagter Bars, gemütlicher Cafés und edler Restaurants für die attraktive Lebendigkeit.
Ein ebenso belebtes Stadtviertel ist Eppendorfs geographischer Nachbar Eimsbüttel – etwas weniger schick vielleicht, aber mindestens ebenso attraktiv. Über einen Mangel an Grünflächen und Altbauten kann sich auch Eimsbüttel nicht beklagen. Wer „mitten im Leben“ sein möchte, fühlt sich hier wohl. Für den besonderen Reiz sorgt die gesunde Altersmischung der Anwohner, die sich aus Familien, Studenten und Pärchen jeden Alters zusammensetzen. Gastronomisch ist der Stadtteil ebenfalls bestens versorgt und bietet eine große Bandbreite an regionaler und internationaler Küche – für jeden Geschmack etwas.
Wie alle anderen Hamburger Quartiere kann auch Eimsbüttel mit eigenen Wochenmärkten aufwarten. Die fehlende Überdachung und das im Vergleich zum Isemarkt etwas überschaubarere Angebot tut der Stimmung keinen Abbruch. Denn hier trifft man sich, hält einen netten Schnack und kauft nicht minder frische Waren ein. Seine Portion herrlichen Dufts kann sich der Besucher übrigens auf jedem der vielen Hamburger Wochenmärkte abholen.

Das Elbe76? Ja, das ist bekannt in Hamburg: „Das ist diese tolle Bar mit dem schicken Restaurant!" – „Eine Institution mitten im Wohngebiet!" – „Essen? Anspruchsvolle Delikatessen im Restaurant und eine Pizza, die sich als absoluter Klassiker durchgesetzt hat." – „Man entspannt bei individueller Musik, am Samstag von einem DJ, und is(s)t ungestört im hinteren Bereich."

So oder ähnlich klingt die hanseatische Resonanz auf den Namen Elbe76. Selbstverständlich kennt man das Restaurant. Überhaupt scheint hier alles selbstverständlich zu sein: selbstverständlich, dass es das Elbe76 gibt, selbstverständlich der Balanceakt zwischen Bar und der gehobenen Küche, selbstverständlich die relaxte Atmosphäre trotz eingedeckter Tische, selbstverständlich auch, dass es immer voll ist.

Ivo Ruczinski hat erreicht, was er wollte. Dass sein Konzept erfolgreich funktioniert, ist jedoch nicht selbstverständlich. Eine Menge Arbeit, Schweiß und Herzblut steckt in seinem Restaurant. Um- An- und Aufbauten, Durchbrüche und Renovierungen hat das Gebäude schon mitgemacht. Neue Ideen setzt der Inhaber sofort in die Tat um: Ob moderne Kunstausstellungen, visuelle Lichtspiele, neue Weine und Getränke oder die monatlich wechselnde Speisekarte – Ivo Ruczinski macht, tut und werkelt.

Das Ergebnis ist ein individueller Betrieb mit einzigartigem Charakter. Komplimente kommen von Hamburgern, aber auch von anderen Großstädtern, die sich hier wohl fühlen und im Elbe76 ein weltoffenes Restaurant sehen, in dem man sich – ganz gleich, woher man kommt – sofort zu Hause fühlt. Warum? Das ist eben selbstverständlich.

Restaurant und Bar Elbe76

Inhaber: Ivo Ruczinski

Bismarckstraße 60
20259 Hamburg

Telefon 00 49 (0) 40 / 40 02 35
Telefax 00 49 (0) 40 / 43 27 38 22

Kein Ruhetag

EL TORO

„In der Gastronomie muss man geben, um zu bekommen", ist die lobenswerte Einstellung von Argirios Simos. Jeden Tag aufs Neue setzt er alles daran, seine Gäste zufrieden zu stellen. Dafür kämpft er im wahrsten Sinne des Wortes wie ein Stier – nicht ohne Grund trägt sein Restaurant den Namen „El Toro". „Manchmal bin ich selbst wie ein Stier, meint meine Frau", erzählt Simos mit einem Augenzwinkern. Damit zielt sie auf seine Umtriebigkeit ab, seine Hingabe an das Ziel, den Gästen sein Restaurant stets ordentlich, ja perfekt, zu präsentieren. „Ich betreibe das El Toro mit Herzblut. Zu Hause kann ich der größte Macho sein – hier putze ich die Fenster selbst und mache auch die Drecksarbeit." Das Engagement hat sich bezahlt gemacht: Seit 26 Jahren sehr erfolgreich am selben Standort, unter demselben Namen, mit derselben Stammkarte und vielen Stammgästen kann der Gastronom stolz auf das Resultat sein. Einige Veränderungen hat es in den letzten Jahren durchaus gegeben – allerdings nur kleine, wie Simos betont, schließlich solle man sich hier immer gleich wohl fühlen. Ein Beispiel sind die wechselnden Bilder und Fotos an den Wänden oder die vor einigen Jahren eingeführte zusätzliche Speisekarte, die vierzehntägig wechselt.

Ganz klar, das El Toro bietet – wie der Name schon verrät – eine spanische Küche, die gern mit frischen Kräutern arbeitet und durch kreative Ideen von Inhaber und Küchenchef Paco Harpeert aufgelockert wird. Klassiker wie das Lammfilet Provencial oder Gambas al ajillo findet der Gast natürlich nach wie vor in gleich bleibender Qualität (schließlich sind auch die Lieferanten dieselben geblieben) auf der festen Karte. Dazu bietet das El Toro etwa 90 spanische Weine an, die in einem kleinen Weinkeller lagern.

Restaurant El Toro
Inhaber: Argirios Simos

Kleiner Schäferkamp 21
20357 Hamburg

Telefon 00 49 (0) 40 / 45 95 51
Telefax 00 49 (0) 40 / 69 66 21 61

Kein Ruhetag

Das Angebot an Brandy und Sherry steht sehr dekorativ in einem beleuchteten Regal im Restaurant.
Als verwinkelt und gemütlich kann man das Interieur beschreiben. An den Wänden dominieren rote Farbtöne, für die der Inhaber eine eigene Interpretation hat: Seiner Meinung nach schafft das Rot eine große Lebendigkeit, die für den kleinen Raum unabdingbar ist.
Ein kleiner Tipp: Wer im El Toro einkehrt, der sollte einmal gen Decke blicken, denn hier macht das Restaurant mit einer tollen Deckenmalerei seinem Namen alle Ehre...
Eigentlich schade, dass in dem kleinen Lokal nur 30 Personen Platz finden, schließlich ist das El Toro fast jeden Tag voll – so voll, dass Gäste häufig wieder weggeschickt werden müssen. Simos Erklärung klingt plausibel: „Bei uns zählt nicht die Masse, sondern die Qualität. In einem Restaurant dieser Größe haben wir noch die Möglichkeit, uns um jeden persönlich zu kümmern. Die Leute wissen das zu würdigen, denn selbst wenn sie zweimal keinen Platz finden, kommen sie ein drittes Mal wieder."
Seit 26 Jahren ein volles Haus – und ein Ende ist Gott sei Dank nicht in Sicht, denn sollte „Argi" irgendwann einmal aufhören, ist schon für den Fortbestand gesorgt: Seine Söhne Jann und Marco können sich gut vorstellen, das El Toro im Sinnes ihres Vaters weiterzuführen.

Loup de Mar

Zutaten

300 g Loup de Mar
1/2 Zitrone
1 Rosmarinzweig
1 Thymianzweig
1 Knoblauchzehe
100 g feinkörniges Salz

Zubereitung

Fisch reinigen (Innereien und Schuppen entfernen) und unter kaltem Wasser abwaschen. Den Loup de Mar mit einem trockenen Tuch abtupfen. Mit Zitrone von außen marinieren. Kräuter und zerdrückte Knoblauchzehe in die Bauchhöhle füllen. Loup de Mar vorsichtig von der Rückenseite her in Salz wenden; dabei darf kein Salz in die Bauchhöhle gelangen. Im vorgeheizten Grill von jeder Seite 7–8 Minuten grillen.

SAI GON

Die Beantwortung der Frage, was Sai Gon ist, dürfte nicht weiter schwer fallen. Auch Vietnam auf der Landkarte zu orten, ist eine lösbare Aufgabe. Wenn es jedoch um die Küche des ostasiatischen Staates geht, dann sind viele überfragt. Kein Wunder, gibt es in Deutschland doch nur wenige traditionelle vietnamesische Restaurants. Eines davon ist in Hamburg zu finden – und ein sehr gutes dazu: das Sai Gon.

Inhaber Werner Rossler legt großen Wert darauf, authentische Speisen anzubieten. Gewährleistet wird dies durch ein Küchenteam, das ausschließlich aus Spitzenköchen des asiatischen Küstenlandes besteht. Probiert man das Essen, zeigt sich schnell, dass asiatisch nicht gleich asiatisch bedeutet. Die Küche Vietnams unterscheidet sich beispielsweise von der chinesischen durch ihre Natürlichkeit: Frische Kräuter finden, ohne mitgekocht zu werden, wie in keiner anderen Küche Verwendung. Thai-Basilikum, Koriander und Minze werden zu jedem Essen separat dazugereicht. Ganz neue Geschmackserlebnisse tun sich dem Gast auf, wenn er sich das zarte Grün mit dem Essen „auf der Zunge zergehen lässt".

Für Authentizität sorgt weiterhin der herzliche, ebenfalls vietnamesische Service, der landestypische Trachten trägt, die „áo dãi". Und zu guter Letzt das von den rot-gelben Landesfarben dominierte Ambiente. Übrigens: Die Dekorationen an Tischen und Wänden kommen ebenfalls aus Vietnam und wurden größtenteils eigens für das Sai Gon angefertigt. Rosslers Leidenschaft für ein Land, das er auf unzähligen Reisen besucht und liebgewonnen hat, fällt es hier – spätestens beim abschließenden Cocktail in der Bar des Restaurants – leicht zu teilen.

Restaurant Sai Gon
Inhaber: Werner Rossler

Martinistraße 14
20251 Hamburg

Telefon 00 49 (0) 40 / 46 09 10 09
Telefax 00 49 (0) 40 / 46 09 10 08

Kein Ruhetag

ODYSSEUS

Restaurant Odysseus

Inhaber: Odysseus Chatzikonstantinidis

Hellkamp 1
20251 Hamburg

Telefon 00 49 (0) 40 / 40 17 25 99
Telefax 00 49 (0) 40 / 41 28 35 96

Kein Ruhetag

In Italien nennt man sie Antipasti, in Spanien Tapas und in Griechenland heißen sie Mezes: kleine, feine Vorspeisen, die in ihrer Vielfalt kaum zu übertreffen sind und gerne in geselliger Runde zelebriert werden. Während die italienischen und spanischen Varianten längst erfolgreich Einzug in Deutschland gehalten haben, fängt der Siegeszug der Mezes gerade erst an. Das Restaurant Odysseus ist in Hamburg einer der ersten Vertreter, der auf die köstlichen griechischen Kleinigkeiten setzt: „Mezes sind vielfältiger und zudem etwas großzügiger portioniert als Tapas oder Antipasti. Generell gibt es aber nur wenige Unterschiede, sind sich doch auch Produkte und Zubereitung im Mittelmeerraum sehr ähnlich", betont Inhaber Odysseus Chatzikonstantinidis.

Die fließenden Übergänge in der mediterranen Küche hat sich das Restaurant bereits seit seiner Eröffnung im Jahre 1998 zunutze gemacht. Vom hellenischen Namen sollte man sich nicht irreleiten lassen, denn griechische Gerichte sind nur ein Teil von dem, was Odysseus anbietet. Seine Küche ist eine südländische, die von allem ein bisschen bereithält: ein bisschen Spanien, ein bisschen Italien und eben ein bisschen Griechenland – eine gute Mischung aus dem Besten, was die jeweiligen Speisepläne hergeben. Der gemeinsame Nenner ist schnell gefunden. Enzo Magnanimo, der italienische Küchenchef, legt großen Wert auf die Verwendung viel frischer Kräuter, Olivenöl, leichter Saucen, Fisch und Lammfleisch. Auch in der eleganten Einrichtung des Gastraumes vereinen sich die mediterranen Elemente. Terrakottaboden, weiß eingedeckte Tische, warme Farben und viel Licht wecken

Erinnerungen an den letzten Urlaub und sorgen für südländisches Flair. Wenn die Sonne in der Hansestadt mal nicht scheint, bekommt man bei Odysseus trotzdem seine Portion Wärme und Sonne.
Mit Recht trägt das Restaurant den Namen des Inhabers, seine Handschrift steckt schließlich in jedem Detail, er ist die Seele des Hauses. Der Patron, der auf 25 Jahre Gastronomieerfahrung mit eigenen Restaurants zurückblicken kann, ist mit seinem Odysseus „sesshaft" geworden. „Hier ist alles genau so, wie ich es mir immer erträumt und geplant habe. In diesen Räumen steckt mein gesamtes Herzblut", erzählt Odysseus zufrieden. Nicht allein die Einrichtung und der herzlich-familiäre Service bezeugen sein Engagement, sondern selbstredend auch die Küche, welche ihre Spezialitäten in gleichbleibend guter Qualität präsentiert. Auf der festen Stammkarte findet der Gast mit Sicherheit auch beim nächsten Besuch seinen Favoriten wieder, die monatlich wechselnden Angebote garantieren Vielfalt und Abwechslung. Die Mezes erleichtern die Entscheidung – schließlich kann man jetzt von allem etwas probieren.

Doradenfilets auf frittiertem Radicchio mit Steinpilzen

Zutaten

4 Doradenfilets (je 200–300 g)
2 Radicchio
200 g frische Steinpilze
50 g getrocknete Steinpilze
4 Schalotten
150 g Kirschtomaten
Olivenöl
4 cl Weißwein
Schwarzer Pfeffer, Salz
8–10 Basilikumblätter
1 Knoblauchzehe
Mehl

Zubereitung

Für die Sauce: Schalotten, Knoblauch und Hälfte der frischen Steinpilze klein schneiden. Alles in Olivenöl anbraten, einige Kirschtomaten dazugeben und mit Weißwein ablöschen. Dann die (in Wasser eingeweichten) getrockneten Steinpilze mitsamt Sud hinzufügen. Flamme reduzieren und 4 bis 5 Minuten köcheln lassen. Fein gehacktes Basilikum hinzugeben.
Doraden salzen, pfeffern und in Mehl wenden. 3 Minuten pro Seite in Olivenöl bei großer Hitze braten. Warm stellen.
Erneut Öl erhitzen. Den in feine, längliche Streifen geschnittenen Radicchio kurz scharf anbraten, dann auf Küchenpapier abtropfen lassen. In der gleichen Pfanne restliche Steinpilze (in Scheiben geschnitten) anbraten, dann auf Küchenpapier legen.
Auf vier heißen Tellern Radicchio anrichten, die Filets darauf legen. Mit Sauce, Kirschtomaten und Steinpilzen garnieren.

PIMENT

Restaurant Piment

Inhaber: Wahabi Nouri

Lehmweg 29
20251 Hamburg

Telefon 00 49 (0) 40 / 42 93 77 88
Telefax 00 49 (0) 40 / 42 93 77 89

Ruhetag: Sonntag

Wer bei Piment an Weihnachtsstollen und Bratensoße denkt, irrt gewaltig. Nicht das Gewürz ist gemeint, sondern eine kleine, rote Paprikaart aus Marokko, der Heimat von Wahabi Nouri. Mit gutem Grund trägt sein kleines, aber sehr feines Restaurant im Hamburger Stadtteil Eppendorf diesen wohlklingenden französischen Namen. Die klassisch-französische Küche individualisiert der Sternekoch mit deutlich marokkanischen Akzenten. Kräftige Gewürze wie Kardamon, Cumin und Raz el Hanout sind ein entscheidender Bestandteil seiner Gerichte und dabei so perfekt dosiert, dass die Speisen nicht überdeckt werden, leicht orientalische Aromen aber noch zu erahnen sind. Die Handschrift Nouris ist nicht nur bei den unvergleichlichen Geschmackserlebnissen jederzeit spürbar, sondern auch bei den kunstvoll angerichteten Speisen – wahre Augenweiden, denen man die Präzision ansieht. Viel Zeit investiert der Inhaber in die Zubereitung der guten Produkte, die ständige Verfeinerung und die Kreation neuer Gerichte. Zufrieden ist er erst, wenn das Ergebnis perfekt ist. In jedem Detail offenbart sich dann die Liebe und das Gefühl, mit dem daran gearbeitet wurde.

Schon früh hat der in Casablanca geborene und in Hessen aufgewachsene Nouri seine Passion für das Kochen entdeckt und sich für eine Kochlehre entschieden. Seine Stationen bei namhaften Köchen wie Eckard Witzigmann, Harald Wohlfahrt und Franz Raneburger haben ihn geprägt. Immer weiter hat er sich „nach oben gearbeitet“ – und zwar im doppelten Wortsinn, denn den

Traum des eigenen Restaurants erfüllte sich der Spitzenkoch im hohen Norden. Nur ein Jahr nach Eröffnung im Herbst 2000 waren sich die Restaurantkritiker einig: Das Piment hat einen Michelin-Stern verdient.
Während Kollegen ihre Kochkünste gerne im Fernsehen präsentieren, bleibt Wahabi Nouri lieber in seinem Restaurant. Seine Welt ist das Kochen und nicht die medienwirksame Präsenz. Ein Glück für die Gäste, denn im Piment steht der Maître jeden Tag selbst hinter seinem Herd und verwöhnt die anspruchsvollen Gourmets in entspannt-familiärer Atmosphäre. Die Befürchtung, ein Sternerestaurant nur in Abendgarderobe besuchen zu können, widerlegt Restaurantleiter Sascha Ureidat schnell: „Jeder kann ganz ungezwungen so kommen, wie er möchte, und entspannt einen angenehmen Abend mit kulinarischen Highlights verbringen." Diese werden von hervorragenden Weinen aus Frankreich, Deutschland und Italien begleitet. Besonders ans Herz legt Ureidat den Gästen die kleine Auswahl an seltenen marokkanischen Rebsäften. Weitere Einflüsse Marokkos wie die zweimal jährlich stattfindende Marokkanische Woche oder auf Vorbestellung die typischen Gerichte (zum Beispiel Couscous oder Tajine), offenbaren den Stolz und die Achtung, die Nouri der marokkanischen Küche entgegenbringt. Und Marokko kann stolz auf seinen hervorragenden „Vertreter" sein, der die Gerichte auf ganz besondere Art wertschätzt.

Rücken vom Salzwiesenlamm mit provenzalischem Gemüse und Safran-Ingwernage

Zutaten

Für das Lamm:
600 g Lammkarree (küchenfertig vom Metzger)
1 TL Raz el Hanout
1 EL Senf
Kräuter der Saison
Salz, Pfeffer

Für die Sauce:
1/2 l Lammfond
Safranfäden
Ingwer
Olivenöl

Zubereitung
Lamm mit Salz und Pfeffer würzen, scharf anbraten, leicht mit Senf bestreichen und mit gehackten Kräutern sowie Raz el Hanout bestreuen. Im Ofen bei 180 °C etwa 7 Minuten medium garen. Für die Soße den Lammfond mit Safran und Ingwer auf 350 ml reduzieren, mit Olivenöl aufmontieren. Als Beilage passt provenzalisches Gemüse.

LA FATTORIA

Ein Tagesrestaurant, ein Feinkost- und Weingeschäft, ein Caterer, eine Antiquitätenhandlung: All das ist La Fattoria. Um das Ganze aber auf einen Punkt zu bringen, könnte es keine treffendere Bezeichnung geben als die von vielen Stammgästen verwendete: „Institution". Seit über 20 Jahren angesagt in Hamburg ist das kleine Ladengeschäft aus dem Stadtteil Eppendorf nicht mehr wegzudenken. Italienische Spezialitäten, edle Holzbistrotische und volle Weinregale treffen hier auf ausgefallene Antiquitäten: „Unsere Gäste suchen ein außergewöhnliches Ambiente, das zugleich stilvoll und gemütlich ist. Bei uns finden sie es," so Inhaberin Johanna Rudnick: „Darüber hinaus bieten wir den Service eines guten Restaurants."
Sehr beliebt sind die Trüffelspezialitäten, die La Fattoria weit über Eppendorfs Grenzen hinaus bekannt gemacht haben. Küchenchef Mike Moeglich kocht auf hohem Niveau erlesene Gerichte der modernen italienischen Küche, die in Kombination mit einem der guten Weine aus Italien zu einem unvergleichlichen Erlebnis werden. Keinesfalls sollte man versäumen, von dem großen Antipastibuffet zu probieren. Außerdem lohnt es sich allemal, einen Blick nach links oder rechts zu riskieren: Große Spiegel oder Gemälde an den Wänden, herrliche Kronleuchter oder ausladende Schränke – alles exklusive italienische und

französische Eigenimporte – sind nicht nur eine dekorative Augenweide, sondern auch käuflich zu erwerben. Wer sich speziell dafür interessiert, kann im angeschlossenen Antiquitätengeschäft ausgefallene und besondere Liebhaberobjekte und Einrichtungsgegenstände finden.
Am wichtigsten ist die gleichbleibend gute Qualität des Essens und des Weinangebotes, die Mitinhaber Pino Cannavale als das Erfolgsrezept seiner Fattoria bezeichnet. Nur durch sie sei es möglich, sich über viele Jahrzehnte an einem Standort zu etablieren und einen so guten Ruf zu genießen.

Die Qualität kann man sich übrigens auch nach Hause holen – sei es in Form eines Caterings oder in Form des köstlichen, täglich frischen Antipastibuffets, aus dem sich der Gast etwas aussuchen und mitnehmen kann. Zu guter Letzt sollte bei der ganzen Vielfalt nicht außer Acht gelassen werden, dass das Restaurant auch für private Feiern von 25 bis 60 Personen zu mieten sei, betont Restaurantleiter Rainer Moeglich. Ein tolles Angebot: Denn wer möchte nicht einmal gerne in einer besonderen, ungewöhnlichen Umgebung feiern und seine Gäste in einer „Institution“ empfangen?

Pollo alla Pino

Zutaten für 4 bis 6 Personen
2 Maishühnchen
8 EL Olivenöl
8 EL Fenchelsamen
0,2 l trockener Marsala
875 ml Kalbsbrühe
125 ml Sahne
1 Zwiebel
1 Zimtstange
1–2 frische Chilischoten
1 Knoblauchzehe
1 Lorbeerblatt
1 Rosmarinzweig
1/2 Bund glatte Petersilie
1/2 Bund Basilikum
200 g Champignons
200 g Zuckerschoten
1/2 TL Kurkuma bzw. Safran
Meersalz, grob gemahlen

Zubereitung
Den Fenchel in 2 EL Olivenöl goldbraun anrösten, mit Marsala, Brühe und Sahne ablöschen und 10 Minuten ziehen lassen. In der Zwischenzeit die Maishühnchen in ca. 20 kleinere Stücke zerteilen, Rückgrat entfernen. 6 EL Olivenöl in einer Pfanne erhitzen, Hühnchen darin von allen Seiten anbraten; salzen, dann mit der heißen Flüssigkeit aufgießen. Alle übrigen Zutaten außer den Pilzen und den Zuckerschoten zugeben, ca. 35 Minuten zugedeckt schmoren lassen. Hühnchenstücke im vorgeheizten Backofen (Oberhitze oder Grill) knusprig werden lassen. Währenddessen den Sud passieren und das Gemüse 5–6 Minuten darin ziehen lassen. Abschmecken und mit Reis oder Kartoffelbrei servieren.

H andgearbeitetes, italienisches Geschirr in wunderschönen, warmen Naturtönen dekoriert einen ebenso robusten wie einzigartigen Tisch aus alten gelagerten Holzbohlen. In farblicher Abstimmung stehen Gläser, Besteck, Tischwäsche und Kerzenleuchter bereit, um einem mediterranen Essen den adäquaten Rahmen zu verleihen. Mit kleinen Spezialitäten wie Olivenöl, Konfitüren oder Kräutern zaubert Bettina Eden die dezenten i-Tüpfelchen für den kulinarischen Genuss. Ergänzend zu ihrem Angebot an Tisch- und Wohnaccessoires gibt die kreative Unternehmerin in den zwei EDENliving-Geschäften auch gerne Anregungen dazu, wie man beispielsweise einen Tisch wirkungsvoll eindecken kann.

Sie inspiriert zu harmonischen Wohnbereichen in Perfektion. Trotzdem wirkt alles fast wie zufällig – jedes Element der Dekoration scheint ein Einzelstück zu sein. Auch Düfte und Musik können ein positives Lebensgefühl freisetzen, meint Bettina Eden. „Bei der Auswahl dieser schönen Dinge verlasse ich mich ganz auf meinen Geschmack. Ich lebe selbst so, wie ich es hier präsentiere.“ Die besondere Handschrift der zwei Ladengeschäfte animiert daher immer wieder zu neuen Dekorationsideen. Mit frischer Inspiration decken die zufriedenen Kunden ihren Tisch daheim dann ähnlich harmonisch ein: Denn gegessen wird zu Hause; den Appetit holt man sich im EDENliving.

EDENliving
Inhaberin: Bettina Eden

Klosterallee 67
20144 Hamburg

Telefon 00 49 (0) 40 / 42 10 24 24
Telefax 00 49 (0) 40 / 42 10 24 25

Ruhetag: Sonntag

EDENliving auch in Hamburg-Nienstedten:

Rupertistraße 23
22609 Hamburg

Telefon 00 49 (0) 40 / 81 99 77 57
Telefax 00 49 (0) 40 / 81 99 75 50

LA VIGNA WEINE

Die Entscheidung darüber, welche Weine sie in ihr Sortiment aufnimmt, macht Inge Jensen von ihrem Gefühl abhängig: „Die Rebsäfte sollen mir schmecken und natürlich meinen anspruchsvollen Kunden Freude bereiten“, betont die Inhaberin von LaVigna Weine, „dafür muss der Gesamteindruck stimmen.“ Viele Weingüter und Winzer kennt sie persönlich und kann sich so direkt vor Ort ein Bild machen. Großen Wert legt sie zudem darauf, keine Massenware, sondern ausschließlich Spitzenqualität zu verkaufen. Nicht selten bietet Inge Jensen die edlen Tropfen sogar exklusiv in Hamburg an. Die Weinkennerin bezieht ihre Ware von kleinen Weingütern, wo der Wein, wie sie sagt, noch mit Liebe hergestellt wird.

Genau wie mit Inge Jensens persönlicher Auswahl an Weinen verhält es sich mit ihren Kunden. In das individuelle Ladengeschäft, wo die Weinflaschen ansprechend in offenen Weinregalen und -fässern ausgestellt sind, kommt man, weil der Gesamteindruck stimmt. Seit 1991 fühlen sich die Kunden hier wohl und gut beraten. Die handverlesenen Weine schmecken nach mehr. Und schließlich ist die Inhaberin selbst ein Grund dafür, warum Weininteressierte aus ganz Hamburg seit vielen Jahren bei ihr kaufen – hier ist alles etwas persönlicher. Der Genuss von Wein verbindet. So erfährt Inge Jensen schnell mehr über die individuellen Geschmäcker und empfiehlt das passende Getränk. Dass sie vielfach ein positives Feedback bekommt, spricht für ihre gute Beratung. Schon immer hatte die Weinkennerin ein Faible für edle Tropfen und konnte im Laufe der Jahre viel an Erfahrung sammeln. Jeden ihrer 400 Rebensäfte hat sie probiert – und zwar mit Genuss und Gefühl.

La Vigna Weine
Inhaberin: Inge Jensen

Beim Schlump 10–12
20144 Hamburg

Telefon 00 49 (0) 40 / 45 20 91
Telefax 00 49 (0) 40 / 45 04 03 2

Ruhetage: Sonntag und Montag

BRÜCKE

Restaurant Brücke
Inhaber: Branimir Goricki

Innocentiastraße 82
20359 Hamburg

Telefon 00 49 (0) 40 / 42 25 52 5

Ruhetag: Sonntag bis 18 Uhr

Direkt neben dem Restaurant:
Weinhandlung Bodeguita

Geöffnet: Dienstag, Freitag, Samstag

Angeregte Gespräche, klapperndes Geschirr und dezente Musik mit französischen Chansons der 1930er Jahre bilden die lebhafte Geräuschkulisse. Fröhliches Kinderlachen schallt durch den kleinen Gastraum, der bis auf den letzten der 30 Plätze besetzt ist. Die Kellner bahnen sich ihren Weg zwischen vollen Körben und Einkaufstaschen und balancieren geschickt herrlich duftende Teller. „Bitte noch einen Espresso", ruft vom anderen Ende des Raumes eine elegante Dame und kämpft dabei ein wenig gegen die Lautstärke an. Die Bedienung reagiert mit einem freundlichen Kopfnicken und setzt den Wunsch sofort in die Tat um...
Es ist Freitag mittag. 13.30 Uhr. Markt an der Isestraße. Volles Haus im Restaurant Brücke. Markttag ist eben „Brückentag". Auf dem belebten Markt in Eppendorf drängen sich dienstags und freitags die Stände unter dem Straßenbahnviadukt in der Isestraße. Für viele Besucher dient der wöchentliche Besuch nicht nur dem Einkauf von frischen Produkten, sondern ist zugleich ein liebgewonnenes Ritual – das anschließende Essen im nahe gelegenen Restaurant Brücke eingeschlossen. „Gerade an Markttagen scheinen die Gäste die Atmosphäre von draußen hereinzutragen. Aber auch sonst trifft man einen wunderbaren, harmonischen Mix aus Menschen. Ob jung oder alt, Geschäftsmann oder Hausfrau, Familie oder Single, die Chemie stimmt einfach", freut sich Branimir Goricki, der die Brücke seit über 20 Jahren betreibt. Geändert hat sich in der langen Zeit wenig. Geblieben ist sowohl der modern-unkomplizierte Bis-

trostil von zeitloser Funktionalität als auch das Essen, welches trotz täglich wechselnder Karte stets die gleiche Handschrift trägt und so köstlich vertraut schmeckt (Tipp: Jeden Sonntag ist „Schnitzel-Tag"). Es ist wenig verwunderlich, dass auch das Publikum der Brücke treu bleibt. Goricki: „Junge Frauen und Männer, die sich früher an unseren Tischen den Kopf angestoßen haben, sehe ich heute hier mit Freunden oder der eigenen Familie." Die Gäste betrachten das Restaurant als Ruhepol, ihre „Ecke", in die sie sich zurückziehen können, ohne auf böse Überraschungen gefasst sein zu müssen.
Mit der kleinen Weinhandlung Bodeguita, die an Markttagen geöffnet ist, hat Goricki seine „Ecke" erweitert. Neben edlen Tropfen (viele von der iberischen Halbinsel) gibt es eine Auswahl an erlesenen, hauptsächlich karibischen Rum- und Zigarrensorten. Angeboten werden kleine Appetithäppchen, die am besten zu einem guten Schluck Wein passen. Nostalgischen Charme strahlen die vom Inhaber selbst gebauten Schränke, die unzähligen Bilder an den Wänden und die Raucherecke mit gepolsterten Stühlen aus. Außerhalb der Öffnungszeiten greift man vom Restaurant auf das Angebot der Bodeguita zurück. Es scheint nur noch eine Frage der Zeit, bis die kleine Weinhandlung zu einem genauso festen Bestandteil im Alltag vieler Hamburger wird wie Gorickis Brücke.

Kabeljau mit Walnusspesto, karamellisierten Strauchtomaten und weißen Bohnen

Zutaten

800 g Kabeljaufilet
2 Zitronen
50 g Gries
30 g Butter
50 g Schalotten
1 Knoblauchzehe
400 g weiße Bohnen
1 l Fischfond
50 ml Weißwein
2 Lorbeerblätter
Bohnenkraut, Thymian, Petersilie
100 g entsteinte, ligurische Oliven
50 g Zucker
100 ml weißer Balsamico-Essig
20 kleine Strauchtomaten
100 g geröstete Walnüsse
80 g grob geriebener Parmesan
150 ml Olivenöl
Salz, Pfeffer

Zubereitung

Schalotten fein würfeln, mit Knoblauch und Bohnen in Öl anschwitzen. Mit Fond und Wein auffüllen, Lorbeer und Zitronenschale hinzufügen, abgedeckt köcheln lassen, bis eine sämige Emulsion entsteht. Bohnen mit Bohnenkraut, Thymian, gehackter Petersilie und Oliven abschmecken, anschließend warm stellen.
Kabeljau mit Zitronensaft, Salz, Pfeffer und Thymian würzen, mit der Hautseite wenden in Gries und Mehl und in Öl anbraten. Butter hinzufügen und im vorgeheizten Ofen bei 250 °C zu Ende garen.
Bei heißer Temperatur den Zucker karamellisieren und mit Balsamico ablöschen. Tomaten enthäuten und im glatt gedrückten Karamell schwenken. Mit Salz, Pfeffer, Petersilie und Thymian abschmecken.
Nüsse, Parmesan und 100 ml Olivenöl in der Küchenmaschine nicht zu fein mixen. Alles auf einem Teller mit geröstetem Ciabattabrot anrichten.

KLINGE

Manchmal ist es nur eine Kleinigkeit, ein gewisser Auslöser, der uns dazu bewegt, unser Leben in ganz neue Bahnen zu lenken. Jens Klinge kann davon ein Lied singen: ein Gespräch bei einem guten Glas Wein mit einem Restaurantinhaber – und Banklehre und BWL-Studium waren vergessen. Seit jenem Tag im Jahr 1998 zählt für Klinge beruflich nur noch eins: das Kochen, für das er sich schon als Kind und Jugendlicher begeistern konnte. Seine Laufbahn begann mit einem Praktikum und einer Kochlehre führte dann über Stationen in vielen renommierten Häusern zu seinem erklärten Ziel, dem eigenen Restaurant. Der Mut zur Veränderung ist belohnt worden. Seinen Traum konnte sich der heutige Gastronom Ende 2005 mit dem nach ihm benannten Restaurant Klinge verwirklichen.

Langwierig war die Suche nach einem geeigneten Standort, aber sie hat sich bezahlt gemacht. Einerseits profitiert das Restaurant von der Anbindung an das moderne Falkenriedviertel mit hochwertigen Büroanlagen und Eigentumswohnungen; andererseits liegt das Klinge im Stadtteil Eppendorf, dessen Bild von Jugendstilvillen und historischen Bauten geprägt ist: eine gelungene Verbindung von Tradition und Moderne.

Viel Herzblut hat der stolze Inhaber in das Restaurant gesteckt. Das zeigt sich schon an der Einrichtung: Hier stimmt das Ambiente – modern mit dunklem Holz, Terrakotta, einer erhöhten Lounge und der dominierenden Fensterfront, die in drei Himmelsrichtungen freie Sicht nach draußen bietet. Der Gast hat so die Wahl, ob er lieber die geschmackvollen Wohnanlagen im Neubaugebiet bewundern will oder seinen Blick doch eher gen angrenzenden Isebekkanal schweifen lässt.

Kulinarisch hat das Restaurant Klinge natürlich auch einiges zu bieten. Mittags wird traditionell, gut bürgerlich aufgetischt; abends zaubert der Küchenchef Yves Kallweit junge, kreative Gerichte der gehobenen deutschen Küche, die auch mediterrane und französische Einflüsse verarbeiten. Oberste Devise dabei ist es, immer einen Fuß auf dem Boden zu behalten. Diese Bodenständigkeit soll nicht nur die

Restaurant Klinge
Inhaber: Jens Klinge

Lehmweg 17
20251 Hamburg

Telefon 00 49 (0) 40 / 69 66 21 60
Telefax 00 49 (0) 40 / 69 66 21 61

Ruhetag: Sonntag

Küche kennzeichnen, sondern beispielsweise auch den Service. Als unabdingbar empfindet der Inhaber die persönliche Bindung und den direkten Kontakt zu seinen Gästen. Die ansprechende Beschreibung seines Werdeganges in der Speisekarte schafft dabei schnell Gesprächsstoff. „Die Leute fühlen sich geschmeichelt, dass ich so viel von mir preisgebe und erzählen im Gegenzug auch häufig ihre Geschichten", verrät Klinge stolz. Wenn es nicht allein das Essen und das Ambiente sind, dann ist wahrscheinlich dieser „Schnack" die Kleinigkeit, der gewisse Auslöser, der die Gäste immer wieder gerne ins Klinge kommen lässt.

Rehkeule in Mohn-Honig Crêpe

Weinlounge Hamburg
Inhaber: Felix Jaeger

Straßenbahnring 17
20251 Hamburg

Telefon 00 49 (0) 40 / 42 93 87 18
Telefax 00 49 (0) 40 / 42 93 87 11

Ruhetag: Sonntag

Dass ein gutes Glas Wein der Höhepunkt eines jeden Essens sein kann, ist längst kein Geheimnis mehr. Neben dem puren Genuss sind die edlen Rebsäfte als kulinarisches Topping im Restaurant nicht mehr wegzudenken. Aber auch am eigenen Esstisch genießt man gerne mal ein Glas Wein. Welcher Tropfen passt nun aber am besten zu welchen Speisen? Diese oder ähnliche Fragen hört Felix Jaeger nicht selten. Der engagierte Inhaber der Weinlounge Hamburg weiß, wie wichtig eine gute Beratung ist – schließlich kann die falsche Wahl den ganzen Genuss zunichte machen.
Aus diesem Grund nimmt sich Jaeger viel Zeit für die Weininteressierten, um das passende Getränk für den jeweiligen Anlass zu finden. Dabei gilt es zunächst, einige Grundregeln zu beachten. „Ist das Essen sehr säurehaltig, wie z.B. ein Salat mit einer Vinaigrette, sollte man von einem Riesling absehen, da sich die starken Säuregehalte potenzieren. Dagegen heben sich der Restzucker eines edelsüßen Weines und der einer Nachspeise wieder auf“, meint der gelernte Sommelier: „Ein sehr alkoholreicher Wein ist bei scharfen Gerichten Tabu, weil sich die Schärfe ansonsten noch mehr im Gaumen verteilt.“ Generell vertritt Jaeger aber die Devise: „Erlaubt ist, was schmeckt.“ Durch gezielte Fragen versucht er individuelle Vorlieben herauszufinden; gerne lässt er einzelne Weine auch probieren. „Ob etwas schmeckt, ist schließlich eine subjektive Erkenntnis“, ergänzt der Weinkenner.

Wer mehr über die Rebsäfte erfahren möchte, für den bietet die Weinlounge spezielle Weinseminare an. Die Teilnehmer bekommen aufschlussreiche Informationen rund um das Thema; zusätzlich werden Verkostungen durchgeführt, die dazu beitragen sollen, den eigenen Geschmack besser zu bestimmen. Mit dem gewonnenen Wissen ist der gezielte Weineinkauf dann keine große Hürde mehr. Darüber hinaus finden regelmäßig, größtenteils in den eigenen Räumlichkeiten, interessante Weinveranstaltungen statt. Gerne plant Jaeger zudem individuelle Abende und Verkostungen. Auch für größere Gruppen bietet sich die zeitgemäße Großzügigkeit des Ladengeschäftes im modernen Quartier Falkenried an. Die große Fensterfront lässt viel Licht herein; dunkelbraune Eichendielen, Wände in Cremeweiß und Rouge-Noir schaffen eine sehr behagliche und zudem elegante Atmosphäre auf 200 Quadratmetern. Entlang der Wände reihen sich große, offene Regale; in jedem Fach stehen einzelne, optimal beleuchtete Flaschen. Kleinere Weinaufsteller schaffen weiche Linien und Transparenz. Der Hingucker und „Namensgeber“ ist die stilvolle Lounge-Ecke mit einem echten Kamin, wo der Kunde ganz entspannt einen Schluck genießen kann.

Dabei kann er auf eine hervorragende Auswahl von etwa 300 Weinen zurückgreifen. Im Angebot sind sorgfältig ausgesuchte und wohlschmeckende Rebsäfte aus der ganzen Welt. „Wir führen sowohl traditionelle Tropfen wie den Barbaresco vom berühmten, italienischen Weingut „Gaja“, aber auch besondere Entdeckungen. Besonders stolz bin ich auf die gemeinsame (!) Cuvée „Fusion II“ von Caroline Willems und Jürgen Hofmann, die ein unglaubliches, neuartiges Geschmackserlebnis garantiert,“ hebt der passionierte Weintrinker stolz hervor. Die perfekte „Begleitung“ für ihre edlen Weine hat die Weinlounge natürlich ebenfalls parat. Jaeger setzt auf die so genannten „Bombolas“ – kleine, köstliche Schokoladenkügelchen des spanischen Patissiers Enric Rovira, welcher die Verarbeitung von Schokolade als Kunst versteht. Der Gaumen erlebt eine wahre Geschmacksexplosion, wenn rosa Pfefferkörner, spritzige Limone oder Ingwer umhüllt von einem puren Schokoladenmantel auf den richtigen Wein treffen. Den zu finden ist nicht weiter schwierig – schließlich gibt es zu diesem Zweck die Weinlounge und Felix Jaeger.

„Die Alster ist in Hamburg das
von aller Welt verehrte Nass.
Ein Fluss, ein See, der recht bedacht,
aus Hamburg richtig Hamburg macht. [...]“

(aus „die Alster – ein Alltagsmärchen“, frei nach Heinrich Heine. Von Rainer Scheppelmann)

Das Element Wasser prägt Hamburg wie kaum eine zweite Stadt des Binnenlandes. Inmitten der Elbmetropole offenbart sich, was ihr Herz und zugleich ihre Seele ist – die Alster. Gut 25 Kilometer nördlich von Hamburg entspringt sie als kleiner Fluss. Bevor sie am Baumwall in die Elbe mündet, wird sie zu einer wunderschönen Wasserlandschaft aufgestaut, der Außen- und Binnenalster. Auf dem größten innerstädtischen See Nordeuropas tummeln sich bei fast jedem Wetter unzählige Segelboote. Sie sind hauptverantwortlich für ein atemberaubendes Stimmungsbild. Einen schönen Blickfang stellen auch die berühmten Alsterschwäne dar, die sich hier im Sommer wohl fühlen. Alljährlich im Oktober werden sie von ihrem „Schwanenvater“ in das Winterquartier gebracht und regelmäßig ab März wieder freigelassen – ein Ereignis, das jedes Mal aufs Neue eine eigene Pressemitteilung wert ist.

RABENS

Der Beiname „grünes“ Herz erklärt sich bei einem Spaziergang auf dem sieben Kilometer langen Alsterrundweg: Viele kleine Parks und Grünanlagen eignen sich ideal zum Joggen, Flanieren und Entspannen und sind ein wichtiger Grund dafür, dass die Alsternähe auch als Wohngegend beliebt ist. Ganz gleich in welchem Stadtteil – Harvestehude, Rothenbaum, Winterhude oder Uhlenhorst – die Entfernung zur Alster ist stets Maßstab für den Quadratmeterpreis. Generell gilt: Je mehr Alsterblick, desto teurer und luxuriöser die Wohnung. Wer es sich leisten kann, wohnt in einer der traumhaften Villen unweit der ausländischen Botschaften und Konsulate. Straßennamen wie Bellevue, Fernsicht oder Schöne Aussicht könnten treffender nicht sein.

Was als Wohngegend so reizvoll ist, muss auch Gäste aus aller Welt ansprechen, haben sich kluge Geschäftsleute gedacht. Das Ergebnis ist eine ganze Reihe erstklassiger Hotels, die ihre Gäste mit zentraler Lage, spektakulärem Alsterblick und – nicht zu vergessen – kulinarischen Leckerbissen aus den hauseigenen Restaurants verwöhnen.

Über eine mangelnde Lebendigkeit kann sich kein Stadtteil längs der Außenalster beklagen. Dabei präsentiert jeder ein ganz individuelles Gesicht: In aller Welt bekannt durch sein Tennisturnier regiert in Hamburg-Rothenbaum, auf der westlichen Seite, ein gepflegter Luxus. Mittelweg und Milchstraße im Herzen des mondänen Pöseldorf sind beliebte Einkaufs- und Flaniermeilen. Hier sorgt das Universitätsviertel für eine heterogene Auflockerung. Winterhude und Uhlenhorst sind von vielen Nebenarmen der Alster durchzogen. Bei einer Alsterkanalfahrt bzw. einer Partie im Tret- oder Ruderboot erlebt man Hamburg mit vielen Grünflächen und traumhaften Villen aus einer ganz neuen Perspektive. Zur zunehmenden Attraktivität der schmucken Stadtviertel trägt die gehobene, nicht selten junge Gastronomie ihren Teil bei. Am östlichen Ufer der Alster mit Nähe zum Hauptbahnhof zeigt sich in St. Georg eine etwas andere Facette der Hansestadt: Quirlig, aufregend und vor allem multikulturell ist der bunte Stadtteil rund um die Straße Lange Reihe mit ihren kleinen Cafés und Restaurants.

Südlich wird die Binnenalster durch den Jungfernstieg begrenzt, einem wunderschönen Straßenzug der Innenstadt.

Ein Streifzug entlang der Alster und ihrer Ausläufer offenbart schnell, warum Hamburg unbestritten eine Stadt mit großer Lebensqualität ist. Weitläufige Wasserflächen und großzügige Parkanlagen – die Elbmetropole ist Deutschlands grünste Stadt – laden zum Genießen und Verweilen ein. Und lassen aus Hamburg erst richtig Hamburg werden.

BRODERS' CULINARIUM

Feinkost und Essbar
Broders' Culinarium
Inhaber: Frank Henric Blohm

Mittelweg 172
20148 Hamburg

Telefon 00 49 (0) 40 / 41 07 10 5
Telefax 00 49 (0) 40 / 44 50 64 27

Ruhetag: Sonntag

Mittags, 12.30 Uhr: Angenehme Essensdüfte liegen in der Luft. Auf der zehn Meter langen Theke steht eine prachtvolle Auswahl an warmen und kalten Gerichten. Ob Fleisch vom Rind, Schwein oder Kalb, Fisch, Eintopf, Salat oder Gemüse, frisch zubereitet als gute Hausmannskost, auf mediterrane Art oder in der asiatischen Variante – für jeden Geschmack ist etwas dabei. Broders' Culinarium versorgt seine Gäste mit einem hervorragenden (und schnellen) Mittagessen, das man direkt an der Theke bestellen und individuell kombinieren kann. Auf das ohnehin sehr abwechslungsreiche Angebot von rund 15 verschiedenen, hausgemachten Gerichten setzt die Essbar noch einen drauf. „Da wir sämtliche Speisen täglich komplett auswechseln, erhält unsere ‚Chamäleontheke' jeden Tag ein neues Gesicht", so Inhaber Frank Blohm stolz. Zusätzlich gibt es eine feste Speisekarte mit großem Frühstücks- und Kuchenangebot.

Sein Essen nimmt der Gast auf einer der vier offenen Ebenen zu sich, leger an Bistrotischen vor der großen Fensterfront im Erdgeschoss, bequem an gedeckten Tischen auf der Galerie, ausgefallen am Stehtisch zwischen Feinkosttheke- und regalen im Untergeschoss oder gediegen am langen Holztisch zwischen 200 edlen Tropfen im Weinkeller.

Ein kurzer Blick auf jede Ebene genügt, um zu wissen, dass Broders' Culinarium mehr als ein reiner Gastronomiebetrieb ist. Blohm versucht aufzuklären: „Wir sind eine kulinarische Mischeinheit. Bei uns kann man schlemmen, gucken, kaufen, Wein trinken, den Partyservice in Anspruch nehmen und unsere Location für Feierlichkeiten mieten."

Das war nicht immer so. Das Traditionsunternehmen in sechster Generation begann mit dem Handwagen von Gründer Johann Wilhelm Martin Broders, der gut situierte Familien am Rotherbaum mit Lebensmitteln versorgte. Mit Eröffnung des Ladens am Mittelweg vor über 150 Jahren war das Broders' zunächst ein Kolonialwarenhandel und dann über viele Jahre ein reines Delikatessengeschäft.

Eine Feinkostabteilung gibt es noch heute. Neben einer hochwertigen Auswahl an

Kaffee, Tee, Ölen und hausgemachten Marmeladen bietet der Deli-Tresen 150 Frischeprodukte an Wurst, Schinken, Käse, Fisch und Antipasti. „Wir nutzen dabei unsere Synergieeffekte. Jedes frische Gericht kann mit dem Delikatessangebot kombiniert werden", stellt der Inhaber die Verbindung zur Essbar her. Blohm selbst fühlt sich in jedem Bereich zu Hause. In der Küche werkelt der (in Italien) ausgebildete Koch zusammen mit Küchenchefin Anja Axtner; vorne profitiert er von seiner kaufmännischen Ausbildung bei „Dallmayr". Definitiv eine abwechslungsreiche Aufgabe, wenn man zugleich Bistro, Bar, Delikatessengeschäft, Vinothek, Restaurant, Cafe und Caterer in einem ist – eben ein Culinarium im besten Sinne.

Tortelloni mit Ricotta-Rote Bete-Füllung auf Mangoldschaum

Zutaten

500 g Mehl
9 Eier
1 Prise Salz
600 g Ricotta
1 große Rote Bete
2 Eigelb
100 g Paniermehl
150 g frisch geriebener Parmesan
Salz und Pfeffer

Zubereitung

Mehl, Eier und Salz verkneten und 1 Stunde ruhen lassen. Den Ricotta in einem Spitzsieb abtropfen lassen. Rote Bete weich kochen, Schale abreiben und die Knolle in grobe Stücke schneiden. Diese auf einem Backblech im Ofen etwa 30 Minuten bei 60–80 °C trocknen. Danach alle Zutaten zu einer festen, hellroten Masse verarbeiten. Eventuell etwas Paniermehl und Parmesan hinzugeben.

Mit der Nudelmaschine den Teig dünn ausrollen. Die Teigbahn der Länge nach mit dem Messer teilen und quer in Quadrate schneiden. Darauf mit dem Spritzbeutel (ohne Tülle) jeweils mittig die Füllmasse spritzen; Tortellonis formen. Diese 1–2 Minuten in Salzwasser köcheln lassen, dann kalt stellen. Erst nach einem Tag wird der Teig, der mit der Füllung in Berührung kommt, schön rot. Zu den Nudeln schmeckt Mangoldschaum sehr gut.

WINDOWS

Restaurant Windows
im InterContinental Hamburg
Inhaber: KG Hamburger
Verwaltungsgesellschaft

Fontenay 10
20354 Hamburg

Telefon 00 49 (0) 40 / 41 42 0
Telefax 00 49 (0) 40 / 41 42 22 99

Ruhetage: Sonntag und Montag

Gibt es etwas Schöneres und zugleich Entspannenderes, als bei einem hervorragenden Essen die lebhafte Silhouette einer Weltstadt auf sich wirken zu lassen? Für die Stammgäste im Fine Dining Restaurant Windows ist diese Frage längst eine rhetorische. Denn in der neunten Etage des InterContinental Hamburg umrahmt ein ebenso atemberaubender wie einzigartiger

Panoramablick auf die Alster und Hamburg den kulinarischen Hochgenuss. Die dominierende Fensterfront ist dabei perfekter Namensgeber für das Windows. „Wer hier oben diniert, wird von den vielfältigen Eindrücken überwältigt", so Hoteldirektorin Gesa Rohwedder, „sei es durch die eindrucksvollen Gebäude der Stadt, die unzähligen Segelboote auf der Alster oder einfach durch den Sternenhimmel. Ein Feuerwerk über der Alster, z.B. zum Kirschblütenfest, ist sowohl emotional als auch optisch ein Highlight."

Nicht allein für optischen Genuss garantieren die lukullischen Spezialitäten von Küchenchef Andreas Gullich, Sous-Chef Mirko Saalbach und ihrem jungen Team. Die Speisen im französisch-mediterranen Stil sprechen alle Sinne gleichermaßen an. Perfekt

versteht Gullich die harmonische Kombination von hochwertigen Produkten und das Spiel mit kreativen Einflüssen. Dafür verfeinert er auch gerne traditionelle Gerichte und bereichert sie durch seine ganz spezielle Note.

„Unser Ziel ist es, dem Gast jederzeit mehr zu bieten, als er erwartet," erklärt der erfahrene Koch, der sein Wissen in renommierten Häusern erwerben konnte. Dazu gehören das Suvretta House in St. Moritz, das Grandhotel Petersberg in Bonn, wo er für Staatsgäste kochte, oder das Berliner Hotel Adlon. In Hamburg machte sich Gullich einen Namen als Küchenchef bei Karlheinz Hauser auf dem Süllberg. Hier lernte er René Baumgart kennen, den heutigen Restaurantleiter und Chefsommelier im Windows. Zu den Stationen von Baumgarts Lebenslauf zählen ebenfalls Top-Restaurants wie das Schlosshotel Lerbach mit Sternekoch Dieter Müller. Wer seinen Weinempfehlungen lauscht und hört, wie er auf einfühlsame Weise durch die Auswahl begleitet und den Gast auch an neue Weine heranführt, kann nachvollziehen, warum der mehrfach ausgezeichnete Sommelier zu den Besten seines Metiers gehört. Das exzellente Essen findet durch ihn seine perfekte Begleitung. Im vielfältigen Angebot an erlesenen Rebsäften treffen (Jahrgangs-) Klassiker aus allen bekannten Anbaugebieten auf außergewöhnliche „neue" Weine. Kulinarisch verwöhnen lässt sich das anspruchsvolle Publikum im gediegen-stilvollen Ambiente. Ein exklusiver Service sind die vier Private Dining Rooms für bis zu 18 Personen. Abgerundet wird das Angebot durch die Cigar Lounge mit großem Kamin. Der Abend findet hier in einem ledernen Ohrensessel – natürlich mit traumhafter Aussicht auf die illuminierte Stadt – einen idealen Ausklang.

Zanderfilet mit Kartoffelschuppen auf Pfifferlingen à la creme und sautiertem Spinat

Zutaten

600 g Zanderfilet ohne Haut
1 große Kartoffel
250 g Pfifferlinge
1 Schalotte
100 ml Sahne
1 Zitrone
1 Bund Petersilie
Butter, Salz, Pfeffer

Zubereitung

Das Zanderfilet in vier gleich große Portionen schneiden, salzen und pfeffern. Kartoffel in Scheiben schneiden, rund ausstechen und in flüssiger Butter 1 Minute köcheln lassen. Kartoffelscheiben im warmen Zustand auf das Fischfilet legen und 5 Minuten kalt stellen, bis die Butter fest wird. Zander mit der Kartoffelseite nach unten in einer Pfanne mit Olivenöl goldbraun braten. Vorsichtig wenden und bei 160 °C im Backofen 5 Minuten fertig garen. Pfifferlinge putzen, mit feinen Schalottenwürfeln in Butter bei kleiner Hitze anbraten. Sahne hinzugeben, einkochen lassen. Mit Zitronensaft, Salz und Pfeffer würzen, geschnittene Petersilie unterheben. Mit sautiertem Spinat (400 g) anrichten und auf vier Tellern servieren.

PORTOMARIN

Restaurante Portomarin
Inhaber: Jesús A. Díaz Sindín
und Patricia Pérez Hilker

Dorotheenstraße 180
22299 Hamburg

Telefon 00 49 (0) 40 / 46 96 15 47
Telefax 00 49 (0) 40 / 28 80 06 96

Ruhetage: Sonntag und Montag

„Irgendwann einmal werde ich ein eigenes, richtig tolles Restaurant haben." An seinem Traum hat der damals neunjährige Jesús Antonio Díaz Sindín festgehalten. Seit sechs Jahren führt er mit seiner Frau Patricia Pérez Hilker nun das Portomarin. Die feine spanische Küche, die das sympathische Ehepaar anbietet, erfährt nicht nur seitens der Gäste positive Resonanz: Eine Fachzeitschrift ernannte das Restaurant gar zum besten Spanier Deutschlands.

Eine schöne Auszeichnung, die sich das Paar mit Herzblut und Engagement hart erarbeitet hat, denn zwischen Traum und Realität lag viel Zeit. Seine Lehrjahre und Karriere absolvierte Díaz Sindín weit weg von seiner Heimat Galizien, in Las Palmas auf Gran Canaria. In der Inselhauptstadt leitete er berühmte Restaurants wie El Yantar oder El Acueducto. Dort lernte er später auch seine deutsche Frau Patricia kennen und folgte ihr nach Hamburg.

Schnell wurde Díaz Sindín klar, dass hierzulande ein verfälschtes Bild von der spanischen Esskultur herrscht: „Kulinarisch steht die iberische Halbinsel mit exzellenten Köchen wie Ferrán Adriá, Juán Mari Arzak oder Pedro Subijana an der Weltspitze. Nichts gegen eine gut gemachte Paella und eine erfrischende Sangria im Sommer, aber mir schwebte für mein eigenes Restaurant etwas anderes vor", so der Gastronom.

Díaz Sindíns Konzept war in Hamburg so einmalig wie Erfolg versprechend. Fernab der „typisch hanseatischen" Spanier suchte sich das Portomarin im Jahre 2000 seinen Platz in Winterhude und fand schnell ein anspruchsvolles Publikum. Die Gäste kommen nicht zuletzt der herzlichen Gastgeber wegen, die nie die Zügel aus der Hand gegeben haben, sondern täglich für die persönliche Note des kulinarischen Abends sorgen. Auch der kleine verwinkelte Gastraum in warmen Rottönen trägt viel dazu bei. Hier dokumentieren private Fotos an

den Wänden eindrucksvoll die Geschichte des historischen Dorfes Portomarin, dem Geburtsort Díaz Sindíns.
Vor allem aber kann man sich auf moderne und traditionelle spanische Speisen mit regionalen Akzenten freuen – und diese in bester Qualität authentisch spanisch zubereitet. Sehr beliebt ist der Pata Negra-Schinken, der mit seinem zarten Fleisch und nussigen Aroma zu den edelsten Delikatessen Spaniens gehört. Nicht nur pur mit einem Glas Manzanilla-Sherry genossen, sondern auch in andere Gerichte integriert ist er eine besondere Gaumenfreude im Portomarin.

Mit viel Liebe und Fachwissen hat Díaz Sindín eine eindrucksvolle Weinkollektion zusammengestellt, die in Form einer „Weinstraße" im hinteren Bereich des Restaurants für die Gäste einsehbar ist. Weit über 200 verschiedene Rebsäfte aus allen Anbaugebieten Spaniens sind im Programm. Eine individuelle und fachkundige Beratung der Gäste gehört im Portomarin selbstverständlich dazu.
Schön, dass ein kleiner Junge an seinem Traum festgehalten hat und man auch im hohen Norden das kulinarische Spanien genießen kann.

José Maria Isabel

Lammkarree gefüllt mit Pata Negra-Schinken und Marzipan auf Ribeiro-Karamell

Zutaten

4 Stücke Lammkarree
200 g Pata Negra-Schinken
200 g Marzipan
Olivenöl
0,5 l roter Ribeiro-Wein
50 g Zucker
Salz und nach Belieben Pfeffer

Zubereitung

Die Lammkarrees säubern und unter dem Knochenansatz aufschneiden, so dass Taschen entstehen. Pata Negra-Schinken klein schneiden, mit Marzipan vermengen und in die Tasche füllen. Mit Rouladengarn gleichmäßig umwickeln. Das Fleisch in etwas Olivenöl auf beiden Seiten 2 Minuten anbraten, danach für 6 Minuten bei 180 °C im Ofen garen.
Zucker und Wein in einen Topf geben und bei mittlerer Hitze auf die Hälfte reduzieren, bis eine glasige Soße entsteht.
Lammkarrees aus dem Ofen nehmen, in der Mitte durchschneiden und Garn entfernen.
Auf vier Tellern mit dem Ribeiro-Karamell anrichten. Dazu passen gut Thymiankartoffeln und Paprikagemüse.

KÜCHENWERKSTATT

Restaurant Küchenwerkstatt

Inhaber: Angela Gnade und Gerald Zogbaum

Hanns-Henny-Jahnn Weg 1
22085 Hamburg

Telefon 00 49 (0) 40 / 22 92 75 88
Telefax 00 49 (0) 40 / 22 92 75 99

Ruhetag: Montag

Handwerkliches Know-how und Perfektion sind das A und O im jungen Restaurant Küchenwerkstatt, das die Früchte seiner exzellenten Kochkunst im ehemaligen Mühlenkamper Fährhaus präsentiert. Wie der Name andeutet, werden hier in Handarbeit innovative Gerichte aus hochwertigen, frischen Produkten zubereitet: „Wir machen alles selbst – vom Oliven- und Sauerteigbrot bis hin zu den Pralinen," verrät Küchenchef Gerald Zogbaum: „Dabei lassen wir gerne unsere Kreativität spielen." Wie kein zweiter in der Hansestadt versteht es Zogbaum, Zusammensetzungen gekonnt zu variieren und spielerisch mit Zutaten umzugehen. Ganz neue Geschmackserlebnisse tun sich dem Gaumen auf, wenn Konsistenz, Temperatur oder Geschmackskombinationen nicht mehr dem entsprechen, was man gewohnt ist. Da findet man auf der zweiwöchentlich wechselnden Speisekarte auch mal ein herzhaftes Eis aus Joghurt und Parmesan oder einen

Schmorbraten mit „schönem Biss", der ganze 18 Stunden bei niedriger Temperatur gegart wurde.
Besonderen Wert legt der Maître de cuisine darauf, sämtliche Kreationen jederzeit als Essen deklarieren zu können: „Unsere Küche arbeitet bodenständig mit Sinn und Verstand, ohne Extras und Schnörkel. Die Energie wird in den Geschmack gesteckt und nicht unbedingt in aufwändige Dekorationen." Oberstes Ziel ist, dass es dem Gast schmeckt, schließlich soll er sich wohlfühlen, entspannen und selbstredend genießen.
Dazu trägt auch das Ambiente bei. Entsprechend dem Küchenkonzept sorgt eine klare Linie ohne viel dekoratives Beiwerk für eine Wohlfühlatmosphäre. Tradition und Moderne verbinden sich dabei harmonisch: Delfter Kacheln einerseits, Eternitverkleidungen andererseits; helle, hohe Räume, dazu rote Lederbänke versus Eichenschnitzereien und -vertäfelungen. Zudem treffen riesige Deckenleuchter auf einen gemütlichen Kamin.
Das i-Tüpfelchen ist zweifellos das herzliche, doch dezente Servicepersonal. „Wir tun alles, um den Gästen einen schönen Aufenthalt zu bereiten. Sie sollen abschalten und sich inspirieren lassen", betont Besitzerin Angela Gnade, die für den Service verantwortlich ist. „Wir freuen uns, wenn unser Restaurant mit Begriffen wie ‚Oase' oder ‚Kurzurlaub' assoziiert wird." Begeistert von der Küchenwerkstatt ist sowohl die junge als auch die ältere Generation, die die einfallsreichen Kreationen gerne angenommen hat. Handwerkliche Fertigkeit und gute Arbeit weiß eben jeder zu schätzen.

Meeresfrüchtesalat mit Vanille-Hummervinaigrette

Zutaten
1 Oktopus
50 ml Olivenöl
500–600 g Hummer
4 Calamaretti
2 l Nage (Fond zum Kochen der Krustentiere)
1 zerdrückte Kartoffel
1 EL Pesto
1 EL gehackte, getrocknete Tomate
4 Gambas
1 Zweig Rosmarin
1 Knoblauchzehe
Olivenöl

Für die Vinaigrette:
200 ml Hummerfond
100 g Vanille-Olivenöl
1 EL Zitronensaft
Meersalz

Zubereitung
Oktopus waschen, Kauwerkzeug entfernen. Mit Olivenöl beträufeln und in einen Bräter geben. Diesen gut verschließen. Im Backofen bei 150 °C ca. 1,5 Stunden schmoren, bis der Oktopus butterweich ist. Die Nage (Kochfond für Krustentiere) stark aufkochen, den Hummer dazugeben und 4 Minuten kochen lassen. Herausnehmen, abkühlen lassen und ausbrechen. Aus den Schalen einen Hummerfond für die Vinaigrette kochen.
Nun die Calamaretti putzen. Kartoffel, Pesto und gehackte Tomate mischen. Die Calamaretti damit füllen und beiseite stellen. Kurz vor dem Anrichten bei mittlerer Hitze eine 1/2 Minute braten. Die Gambas schälen und den Darm entfernen. Kurz vor dem Servieren salzen und mit Rosmarin und Knoblauch in Olivenöl braten.
Für die Vinaigrette den Hummerfond, das Vanille-Olivenöl, Zitronensaft und Meersalz mischen. Die Meeresfrüchte mit Salatspitzen und Kräutern anrichten. Mit zimmerwarmer Vinaigrette beträufeln. Dazu passen gut karamellisierte Kartoffelscheiben.

BLUE MARLIN

Restaurant Blue Marlin
im Crowne Plaza Hamburg

Inhaber: W.E. I. Hotelgesellschaft mbH

Graumannsweg 10
22087 Hamburg

Telefon 00 49 (0) 40 / 22 80 60
Telefax 00 49 (0) 40 / 22 08 64 55

Kein Ruhetag

Es gibt Dinge, denen man nur schwer widerstehen kann. Aber Versuchungen sind schließlich dazu da, dass man ihnen erliegt. Und mit gleich zwölf von ihnen lockt das Restaurant Blue Marlin.

„12 Versuchungen" – diesen Namen hat das Restaurant einem Vier-Gänge-Menü verliehen. Und das nicht grundlos: Jeder Gang besteht aus drei kleinen Köstlichkeiten, die auf separaten Tellern angerichtet werden. Von dieser originellen Idee kann sich der neugierige Gast jeden letzten Samstag im Monat verführen lassen.

Beabsichtigt oder nicht, die „12 Versuchungen" sind Programm, denn ebenso viele gute Gründe sprechen für einen Besuch im Blue Marlin. Wir beginnen mit der Vorspeise, einem mehr als reichhaltigem Frühstücksbuffet – ausgezeichnet als eines der besten in der europäischen Crowne Plaza Familie –, dem sonntäglichen Brunch „Globetrotter", der den hungrigen Magen auf eine kulinarische Reise rund um den Globus schickt, und dem abwechslungsreichen à la carte-Angebot.

Marcus Scherer (gesamt verantwortlicher Küchenchef), Diana Bork (stellv. Küchenchefin und verantwortlich für das Restaurant Blue Marlin)

Im ersten Hauptgang hat das Restaurant seine Kreativität spielen lassen, um Hotelgäste wie Besucher mit Sonderaktionen zu verzaubern. „Hummer – all you can eat", „Pasta come da mamma" oder „Bei Anruf Gans": einfallsreiche Namen, um ein Hummer-Satt-Essen, einen Nudelabend mit hausgemachter Pasta und frischen Saucen oder einen Selbstabholer-Gänsebraten schmackhaft zu beschreiben. Mit den separat servierten Gutscheinen sind diese Ideen auch ein tolles Geschenk. Doch damit noch nicht genug: Im Internet ersteigert man mit etwas Glück preisgünstig Arrangements für Restaurantbesuche und Hotelübernachtungen.
Der „Kulinarische Kalender" wird im zweiten Hauptgang gereicht. Personalisiert für das Hamburger Vier-Sterne-Superior-Haus informiert das aufwändig gestaltete Heft halbjährlich über die einzelnen Highlights, wie auch – eine weitere Köstlichkeit – über Möglichkeiten zu Tagungen und Feierlichkeiten. Der dank eines riesigen Glasdaches lichtdurchflutete Innenhof bietet sich für Veranstaltungen an und rundet den Gang ab.
Nicht nur hier, sondern im gesamten Haus punktet das Interieur zudem mit einer geraden Linie aus harmonisch miteinander abgestimmten Erdtönen.
Krönender Abschluss ist das Dessert: Ein kühler Drink, ein raffinierter Snack oder eine erlesene Zigarre sind Versuchung pur. Im „King George Pub" kann der Gast nach einem arbeitsreichen Tag abschalten. Die richtige Würze liefert das Personal. Denn sowohl der herzliche Service wie auch die Mitarbeiter hinter den Kulissen setzen sich für die Realisierung der Versuchungen ein und liefern die persönliche Note. Bei der letzten Köstlichkeit trumpft der Ort der Verführung mit der attraktiven, citynahen Lage unweit der Alster. Es gibt Dinge, denen man nur schwer widerstehen kann ...

Cappuccino von Birne und Sellerie mit Maishähnchenbrust im Mohnmantel

Zutaten

1 Maispoulardenbrust à 160 g (ohne Haut)
1 EL schwarzer Mohn
1 Zwiebel
1 Knollensellerie
4 Birnen
1/4 l Milch
1/2 l Sahne
1/2 l Brühe
1 Limette
Salz, Pfeffer, Zucker, Cayennepfeffer

Zubereitung

Die Poulardenbrust würzen, anbraten und im Ofen bei 160 °C ca. 12 Minuten garen. Herausnehmen und im Mohn wälzen. Dann 5 Minuten ruhen lassen und in zwölf dünne Scheiben schneiden.
Gemüse und Obst waschen, schälen und in kleine Würfel schneiden. Die Zwiebel in einem Topf farblos in etwas Öl andünsten. Sellerie und Birnen hinzufügen und ebenfalls dünsten. Mit Sahne und Brühe ablöschen und ca. 20 Minuten köcheln lassen. Im Mixer aufmixen, mit Salz, Pfeffer, Cayenne und Limette abschmecken.
Milch in einem kleinen Topf zum Kochen bringen und mit dem Milchschäumer aufschäumen. Gemüsesuppe in einer Milchkaffeetasse anrichten, den Milchschaum darauf geben, mit frischen Kräutern garnieren. Die gebratene Poularde auf einem Suppenlöffel anrichten und an die Tasse anlegen.

GALLO NERO

Enoteca e Ristorante Gallo Nero
Inhaber: Corrado Falco

Sierichstraße 46
22301 Hamburg

Telefon 00 49 (0) 40 / 27 09 22 29
Telefax 00 49 (0) 40 / 27 80 67 44

Kein Ruhetag

Ein Orchester ist immer nur so gut wie sein Dirigent. In seinen Händen liegt das gelungene Zusammenspiel, das für den harmonischen Gleichklang verantwortlich ist. Von seiner zentralen Position aus führt der Dirigent, sorgt für den richtigen Einsatz, überblickt alles und wird vom Publikum als präsente Person wahrgenommen.

Was ein Dirigent für die Musikaufführung, ist Corrado Falco für das Gallo Nero: unabdingbar. Denn seinen Erfolg hat das erstklassige italienische Restaurant größtenteils dem sizilianischen Inhaber zu verdanken. Die Stammgäste sind sich einig – man geht nicht zum Italiener, sondern zu Corrado. Mit seiner italienischen Herzlichkeit, gepaart mit hanseatischer Zurückhaltung und dem nötigen Respekt, gibt er ungekünstelt den perfekten Gastgeber ab. Bei Engpässen in der Küche oder im Service springt er ein, erkennt und unterstützt die Stärken der Mitarbeiter und ist stets um das Wohl der Gäste bemüht. Um die musikalische Metapher zu präzisieren: Corrado Falco ist der Dirigent eines erfolgreich eingespielten Orchesters! Die klassische italienische Küche von „Solist" Andrea Cacace, dem Küchenchef, trägt ihren

Hamburg

Teil dazu bei. Auf gleichbleibend hohem Niveau präsentiert er schnörkellose Zubereitungen, die jahreszeitliche Einflüsse genauso berücksichtigen wie spezielle Wünsche der Gäste. Verwendet werden ausgewählte Zutaten und unbehandelte Produkte. Dazu gehört das kalt gepresste Olivenöl von den eigenen Bäumen auf Sizilien. Neben der direkten Verwertung wird es in der angegliederten Enoteca zum Verkauf angeboten, zusammen mit erlesenen italienischen Weinen. Da Corrado Falco jeden seiner etwa 160 Rebsäfte probiert hat, kann er für Qualität und guten Geschmack garantieren.
Die verwinkelten, holzdominierten Gasträume von Restaurant und Enoteca bilden mit Rundbögen, terrakottafarbenen Wänden und indirektem Licht eine harmonische Einheit und sorgen für einladende Wärme. Die Handschrift des Sizilianers, der dem Gast seine sonnige Heimat mit all ihrer Lebendigkeit und Lebensfreude näher bringen möchte, ist in jedem Winkel zu spüren. Die Möbelstücke hat er selbst ausgesucht. Seine Passion sind alte Schneidemaschinen, die gemeinsam mit weiteren Raritäten dekorativ in der Enoteca platziert sind. Hier (im Nichtraucherbereich) finden auch Weindegustationen statt: Der gemütliche Raum eignet sich zudem für Feierlichkeiten, denen das Gallo Nero viel Aufmerksamkeit schenkt. Mit dem Service, dem Ambiente und dem Essen schafft es einen schönen Rahmen für jeden Anlass.
Die Gäste kommen mit der Gewissheit ins Gallo Nero, dort einen rundum netten Abend zu verbringen. Und der beginnt mit der freundlichen Begrüßung an der Tür und endet erst mit einer ebenso herzlichen Verabschiedung.

Tagliolini al tartufo nella cialda di parmigiano (Feine Bandnudeln in der Parmesanwaffel mit Trüffeln der Saison)

Zutaten

160 g geriebener Parmesankäse
500 g Tagliolini (frische oder selbstgemachte feine Bandnudeln)
250 ml Gemüsefond
100 g Butter
Pfeffer
2 TL Trüffelöl
100 g Trüffel

Zubereitung

Den Parmesankäse in vier Portionen aufteilen, da die Waffeln einzeln zubereitet werden. In einer beschichteten Pfanne ohne Fett den Parmesan gleichmäßig verteilen und bei mittlerer Hitze schmelzen, bis er zu einer zähen Masse wird. Diese über eine umgestülpte Tasse in Form gießen. Die entstehende Parmesanwaffel 10 bis 15 Minuten auskühlen lassen (kann auch am Vortag zubereitet werden).
Die Nudeln in heißem Salzwasser al dente kochen. Währenddessen den Gemüsefond mit Butter im Topf bei mittlerer Hitze reduzieren, mit etwas Pfeffer und Parmesan abschmecken und mit Trüffelöl vorsichtig verfeinern.
Diese Soße mit den Tagliolini vermengen und in die noch warme (oder kurz im Ofen angewärmte) Parmesanwaffel geben; Trüffel darüber reiben und heiß servieren.

KRUIZENGA SPEZIALITÄTEN

Kruizenga Spezialitäten

Inhaber: Jans-Geert Kruizenga und Geert-Jans Kruizenga

Maria-Louisen-Straße 11–13
22301 Hamburg

Telefon 00 49 (0) 40 / 46 09 97 0
Telefax 00 49 (0) 40 / 46 09 97 47

Ruhetag: Sonntag

Der kleine Privatjet steht startbereit auf dem Rollfeld; die Motoren laufen schon, während ein weißer Transporter mit der Aufschrift „Feinkost Kruizenga" auf das Flugzeug zusteuert. Ein junger Mann springt heraus und bringt ein köstlich duftendes Drei-Gänge-Menü, eine gute Flasche Wein und weitere Leckerbissen in die kleine Maschine.
Die Szenerie erinnert an einen Werbefilm. So oder ähnlich kann man sich den exklusiven Catering-Service von Kruizenga aber tatsächlich vorstellen. Seit Ende der 1990er Jahre versorgt das Feinkostunternehmen – ausgezeichnet als „bestes Flight-Catering Europas" – Privatjets am Flughafen Fuhlsbüttel mit Delikatessen, die auf die individuellen Wünsche der Fluggäste abgestimmt sind. „Nicht selten ordern die Passagiere, darunter viele Prominente, erst kurz vor dem Start unsere Speisen, so dass wir bis zur Rollbahn vorfahren müssen", schmunzelt Inhaber Geert-Jans Kruizenga.
Dieser Service ist jedoch nur ein kleiner Ausschnitt dessen, was das Familienunternehmen in dritter Generation zu bieten hat. Neben dem Party-Service für bis zu 2000 Personen hält das Ladengeschäft in der Maria-Louisen-Straße ein großes Feinkostangebot mit rund 7500 Artikeln bereit. Vor über 75 Jahren wurde Kruizenga als Kolonialwarenhandel im Nebenhaus gegründet; 1957 bezog der Feinkostladen seinen heutigen Standort auf 280 qm Verkaufsfläche. Kruizenga ist in vielen Bereichen mit der Zeit gegangen: Großzügige Frischetheken für Backwaren, Fleisch, Wurst, Käse und selbstgemachte Speisen sind dazugekommen. Das Sortiment folgt zudem bestimmten Trends wie Slow Food oder Bioprodukten. Trotzdem ist das Geschäft im Kern ein Traditionsunternehmen geblieben, das einen charmanten, heute selten gewordenen Service anbietet: Als einziger Laden seiner Art in Hamburg setzt Kruizenga auf Komplettbedienung. Nach der persönlichen Begrüßung begleitet eine Verkäuferin den Kunden durch das Geschäft, trägt den Einkaufskorb, geht mit ihm – je nach Bedarf – durch die einzelnen Regale und von Theke zu Theke. Bei der Auswahl der Produkte wird er ausführlich beraten und erhält wertvolle Tipps und Empfehlungen. Nach dem Bezahlen und der Aushändigung des handgeschriebenen Bons endet der Service an der Kasse mit einer freundlichen Verabschiedung. Kein Wunder, dass Kruizenga ein anspruchsvolles Publikum zu seinen täglich rund 400 Kunden zählt. Ergänzend fügt der Inhaber hinzu: „Obwohl nicht mehr im sichtbaren Sortiment, habe ich für meine Stammkunden im Keller immer noch eine Auswahl an Taschentüchern, Waschmittel und Co. – Dinge, die heute nur noch selten nachgefragt werden."
Nicht nur die Kunden werden so zufrieden gestellt, auch den 40 Mitarbeitern macht die Arbeit Spaß. Viele sind seit langen Jahren für die Familie tätig und haben bei Kruizenga sogar ihre Ausbildung absolviert, so auch die gelernte Kaltmamsell Margit Gerth, deren Beruf heute fast ausgestorben ist.
In der hauseigenen Küche bereitet sie mit dem Küchenteam unter Leitung von Hans-Jürgen Fricke die Speisen und Buffets für den Party-Service und die täglich wechseln-

den Gerichte im Ladengeschäft zu. Kuchen und Gebäck werden ebenfalls selbst hergestellt. Wurstkonserven, Marmelade, Gurken und Sekt bietet Kruizenga als Eigenmarke an. Bei den zugekauften Spezialitäten wird Wert auf hohe Qualität gelegt; bekannt ist das Feinkostgeschäft für den Kaviar und die Gänseleber. Beachtlich ist weiterhin das Angebot an Schinkensorten und an edlen Weinen. Die einzelnen Produkte kann man nicht nur mit nach Hause nehmen, sondern zudem im Präsentkorb verschenken. Die Mitarbeiter stellen ihn für jeden Anlass individuell zusammen. Von manchen Dingen kann man schließlich nie genug bekommen. Unbestritten gehören Delikatessen dazu – das wird jeder wissen, der Kruizenga kennt.

DORFKRUG VOLKSDORF

Dorfkrug Volksdorf
Inhaber: Thorsten Daub

Im Alten Dorfe 44
22359 Hamburg

Telefon 00 49 (0) 40 / 60 39 29 4
Telefax 00 49 (0) 40 / 52 43 15 2

Ruhetag: Montag

Nicht ohne Grund trägt es der Dorfkrug Volksdorf gleich zweimal im Namen. Wenngleich in der hanseatischen Metropole gelegen, könnte es hier ländlicher nicht zugehen: eben wie auf dem Dorf! Im Herzen Volksdorfs, einem Stadtteil im Hamburger Nordosten, nur 15 Kilometer von der Innenstadt entfernt, steht das über 200 Jahre alte Bauernhaus im Volksdorfer Museumsdorf. Seinen besonderen Charme erhält das an ein Friesenhaus erinnernde Gebäude durch die Reetdeckung und den großen, einladenden Garten: „Unsere Gäste fühlen sich wie auf Sylt und in ihren letzten Urlaub zurückversetzt", weiß Inhaber Thorsten Daub, der den familiengeführten Dorfkrug in zweiter Generation betreibt.

Wer aus dem Namen schlussfolgert, dass es sich hier um eine rustikale Gaststätte handelt, liegt allerdings völlig falsch. Schon das Interieur spricht mit seinen sehr stilvoll eingedeckten Tischen eine ganz andere Spra-

che. Der große offene Kamin, die schweren Holzbalken und kleinen Sprossenfenster schaffen eine gemütliche Wohlfühlatmosphäre. Spätestens der Blick auf die Speisekarte offenbart, wie wenig Gasthaus und wie viel Restaurant der Dorfkrug Volksdorf ist. Die Gäste werden hier mit einer gehobenen internationalen Küche verwöhnt. „Bedingt durch unsere Herkunft stehen auf der Speisekarte aber auch mal Spätzle, Schupfnudeln oder ein Pfälzer Saumagen", begründet Daub die schwäbischen Einflüsse der Küche. Der Chef de Cuisine ist immer für neue, einfallsreiche Kreationen zuständig; die Karte wechselt nach spätestens sechs Wochen. Seine Eltern Renate und Walter Daub kümmern sich währenddessen liebevoll um die Gäste. Eine persönliche Bindung gehört beim zumeist älteren Stammpublikum aus dem Stadtteil natürlich dazu: „Wir kennen die Leute und die Leute kennen uns," so Walter Daub, „wir werden schon vermisst, wenn wir mal nur einen Tag nicht da sind." Die Gäste fühlen sich hier so gut aufgehoben, dass man für Feierlichkeiten und Familienfeste natürlich auch gerne auf die Räumlichkeiten des Restaurants zurückgreift. Und nicht nur im Dorfkrug mit seiner großen Deele und einem kleinen separaten

Raum lässt es sich gut feiern, sondern auch im benachbarten Spiekerhaus, das Platz für bis zu 100 Personen bietet. Herzlich willkommen sind hier übrigens nicht nur die Volksdorfer, sondern alle, die dem Großstadttrubel ohne lange Autofahrt für eine Weile entfliehen möchten.

Crème brûlée von Flusskrebsen mit Selleriestroh

Zutaten

1 kg Krebsschalen
50 ml Olivenöl
140 g Tomaten
60 g Karotten
je 40 g Knollensellerie und Schalotten
40 g Tomatenmark
20 ml Cognac
1 Thymianzweig
1 l Fischfond
1 l Sahne
10 g Stärkemehl
etwas Weißwein
Salz, Cayennepfeffer
1 Vanilleschote

Für den Teig:

je 800 ml Milch und Sahne
24 Eigelb
Salz

Zubereitung

Tomaten grob würfeln, übriges Gemüse in kleine Würfel schneiden. Die klein gehackten Krebsschalen in Olivenöl andünsten. Gemüsewürfel und Tomatenmark dazugeben und mitdünsten. Mit Cognac ablöschen. Tomaten, Thymian und Fischfond zugeben, 30 Minuten kochen lassen. Danach die Sahne einrühren und nochmals 15 Minuten kochen. Ohne Druck durch ein Drahtsieb (oder Tuch) passieren. Stärkemehl in wenig Weißwein anrühren und die Soße binden. Kurz kochen, mit Salz und Cayenne würzen. Vanillestange dazugeben und vom Herd nehmen.

Für die Crème brûlée Sahne mit Milch aufkochen, Salz dazugeben. Eigelb in eine große Rührschüssel geben, die lauwarme Milch-Sahne-Mischung langsam zugießen, beides gut verrühren. Dann die Suppe aus Gemüse und Flusskrebsen untermischen. In kleine Förmchen abfüllen. Ein tiefes Blech zu einem Drittel mit Wasser füllen und die Förmchen hineinsetzen. Bei 160 °C 20 Minuten im Backofen garen. Die Crème brûlée kalt werden lassen und mit braunem Zucker abflammen.

Weinhandlung del Vino

Inhaber: Carsten Delz

Im Alstertal-Einkaufszentrum
Heegbarg 31
22391 Hamburg

Telefon 00 49 (0) 40 / 61 13 71 44
Telefax 00 49 (0) 40 / 61 13 71 45

Ruhetag: Sonntag

Del Vino außerdem im Phoenix-Center Harburg

Hannoversche Straße 86
21079 Hamburg

Telefon 00 49 (0) 40 / 30 30 67 78

„del Vino – von der Kunst des Weines" steht in großen Lettern über der Eingangstür und an der verglasten Fensterfront. Der prägnante Name soll Genuss und Lebensart vermitteln. „Die Kunst ist dabei sowohl in der Fähigkeit zu sehen, guten Wein herzustellen, als auch darin, den Rebensaft bewusst genießen und verstehen zu können," erläutert Inhaber Carsten Delz sein Konzept. Die Weinhandlung will jedoch nicht nur Weinliebhaber und -kenner ansprechen, sondern auch Menschen, die wenig über Bordeaux, Riesling, Chardonnay und Co. wissen und diese bisher – wenn überhaupt – im Discounter um die Ecke gekauft haben. Jenen Kunden wird im del Vino in netter und ungezwungener Atmosphäre vermittelt, dass Wein auch richtig gut schmecken kann. Gezielte Fragen von professionellem Fachpersonal nach besonderen Vorlieben oder dem Anlass des Trinkens sowie kleine Proben mit temperierten Weinen lassen schnell den richtigen Tropfen für den individuellen Geschmack finden. „Die anfängliche Hemmschwelle schwindet nach kurzer Zeit. Die Kunden fühlen sich gut beraten und aufgehoben. Meist werden sie auch nicht zum letzten Mal im Laden gesehen," freut sich Delz. Das liegt nicht zuletzt an den vielen Extras, die er seinen Kunden offeriert: Dass ab einer Abnahmemenge von zwölf Flaschen frei Haus geliefert wird und dass beim Kauf von zwölf Flaschen der gleichen Sorte nur elf berechnet werden, sind lediglich einige Pluspunkte. Ganz zu schweigen von aufwändig organisierten Weinseminaren und -reisen, die zum Beispiel in Wein-

anbaugebiete auf Mallorca, ins Piemont oder in die Pfalz gehen.
In einem der schönsten und größten Einkaufszentren Deutschlands gelegen, dem Alstertal-Einkaufszentrum mit über 240 Ladengeschäften, profitiert das del Vino zudem von einer 1a-Lage. Dazu gehören auch die guten Parkmöglichkeiten vor der Tür und natürlich die Wetterunabhängigkeit: ein Aspekt, der gerade für die norddeutsche Hansestadt nicht ganz unerheblich ist.
Bereits seit 2001 steht die Weinhandlung im Alstertal-Einkaufszentrum für guten Wein und passt ideal in die hochwertige und sehr edle Umgebung. Die hellen Grüntöne der Wände, die den Weißwein symbolisieren, und das kräftige Bordeauxrot der del Vino-Schriftzüge, welche wiederum für den Rotwein stehen, harmonieren perfekt. Sie stehlen den vielen Weinflaschen, die in einem hellen, massiven Holzregal untergebracht sind, keineswegs die Show.
Entsprechend dem spanischen Namen del Vino dominieren Weine der iberischen Halbinsel, die der Inhaber direkt vor Ort bezieht. Die Auswahl von etwa 360 edlen Tropfen umfasst natürlich auch Weine aus Frankreich, Italien, Deutschland und Übersee. Zunehmend wird zum Beispiel dem deutschen Riesling Beachtung geschenkt, aber auch die süßen Weine werden wieder mehr und mehr gesellschaftsfähig, weiß Delz. Auf jeden Fall ist hier das Richtige für jeden Geschmack dabei. Und hat man die eigenen Vorlieben erst einmal kennen gelernt, dann weiß man auch, warum das del Vino von der Kunst des Weines spricht.

Portonic

Mischen Sie in einem Longdrinkglas je zur Hälfte weißen Port mit Tonic Water. Dazu passen Eiswürfel und eine Limonenscheibe am Glas: ein toller Sommerdrink. Als Aperitif oder zum Barbecue.

Erdbeerbowle

Einige ungezuckerte Erdbeeren eine Stunde in einem feinherben Riesling (zum Beispiel vom Weingut Altenkirch aus dem Rheingau) in einem Bowlegefäß ziehen lassen. Unmittelbar vor dem Servieren Eiswürfel hinzugeben und das Ganze mit Sekt auffüllen. Das Ergebnis ist ein herrlich fruchtig-spritziger Wein mit dezentem Erdbeergeschmack. Wer keinen großen Aufwand betreiben möchte, schneidet einfach eine Erdbeere in dünne Scheiben und fügt sie einem Glas Rieslingssekt hinzu.

Club de Dégustation de Hambourg

Probieren geht über Studieren: Und zwar im wahrsten Sinne des Wortes. Nur wer Weine probiert, kann sie kennen lernen und ein Gefühl für sie entwickeln, so die Devise des Weinclubinhabers Carsten Delz. „Um ein Weinkenner- und liebhaber zu werden, muss man viel Wein trinken", fügt er schmunzelnd hinzu. Ziel der Seminare, die Delz speziell für Interessierte und auch Nichtmitglieder anbietet, ist es, das Getränk mit allen Sinnen wahrzunehmen: Farbe, Geruch, Geschmack und Abgang sind wichtige Kriterien, um die eigenen Vorlieben herauszufinden.

Die Mitglieder des Club de Dégustation, der seit über zehn Jahren besteht und seinen Clubcharakter 2005 durch Delz erhalten hat, treffen sich zweimal im Monat, um über Wein zu philosophieren – und um ihn zu trinken. Dazu gehören Profitrinker, die die Tropfen degustieren – sie auf ihre Merkmale hin prüfen und nach einem Schluck wieder ausspucken – ebenso wie diejenigen, die rein zum Genuss Wein trinken.

Dementsprechend gestaltet sich auch der Abend, der mit dem Fortschreiten der Stunden immer unbefangener wird. Ein besonderer Clou sind die Bottlepartys, zu denen jeder Gast eine Flasche Wein – gleich welcher Couleur, Preisklasse oder Geschmacksrichtung – mitbringt. Interessante Diskussionen sind vorprogrammiert. Treffpunkt des Weinclubs ist ein gemütlicher Raum, der mit vollen Weinkisten und -regalen dekoriert ist. Zum Interieur gehören weiterhin Weinfässer mit Barhockern. Alte Weinflaschen berühmter Chateaux erzählen von vergangenen Tagen und zahlreiche Kerzen tauchen den Raum in angenehmes Licht. Die richtige Atmosphäre, um sich intensiv mit Wein zu beschäftigen – und das geht natürlich am besten, indem man ihn probiert.

Club de Dégustation de Hambourg
Inhaber: Carsten Delz

Gärtnerstraße 118
20253 Hamburg

Telefon 00 49 (0) 40 / 61 13 71 44
Telefax 00 49 (0) 40 / 61 13 71 45

KOCH + DESIGN HAUS

Vertrauen ist gut, Kontrolle ist besser. Ob die Schärfe eines Messers, die Leistung einer Küchenmaschine, der Geschmack von Espresso, Essig und Öl oder die Gareigenschaften eines Kochtopfes – im KOCH + DESIGN HAUS kann sich der Kunde alle Produkte vorführen lassen oder sie selbst (aus)probieren. „Bei uns kauft man garantiert nicht die sprichwörtliche Katze im Sack", versprechen Betriebswirtin Barbara Engelhard und Karin Jörg, die zudem als Mietköchin engagiert werden kann.

Funktionalität und Qualität sind das A und O für die zwei Unternehmerinnen. Ihre hochwertigen Küchen- und Haushaltsartikel bestechen außerdem durch ein aufwändigschönes Design. Wer das schmucke Ladengeschäft in Hamburg-Uhlenhorst betritt, wird schnell den optischen Reizen von Espressomaschinen, Kaffeekannen, Besteck und Co. erliegen. Geweckt wird die Lust zum Kochen und Backen zudem durch die ebenso praktischen wie ausgefallenen Helfer. Das große Sortiment an Messern, darunter eine hochwertige japanische Kollektion, erfreut selbst Profiköche. Ein Spaghetti al dente-Tester, ein Eierschalensollbruchstellenverursacher oder eine Probierlöffelgabel sind einfallsreiche Geschenkideen, welche selbst noch jenen Freude bereiten, die scheinbar schon alles besitzen.

Sollte mal etwas nicht im Bestand sein, dann wird es selbstverständlich besorgt. Denn Service und fachkundige Beratung werden im KOCH + DESIGN HAUS groß geschrieben. Dazu gehört auch das Messerschleifen oder der Verleih von Suppentöpfen. Garantiert geht jeder Kunde mit dem guten Gefühl nach Hause, an der richtigen Adresse das richtige Produkt erstanden zu haben – konnte er sich doch selbst davon überzeugen.

KOCH + DESIGN HAUS
Inhaber: Barbara Engelhard

Papenhuder Straße 32
22087 Hamburg

Telefon 00 49 (0) 40 / 20 76 91 07
Telefax 00 49 (0) 40 / 20 76 91 12

Ruhetag: Sonntag

COX

Restaurant Cox

Inhaber: Holger Dankenbring und Tilo Moldt

Lange Reihe 68 / Greifswalder Straße 43
20099 Hamburg

Telefon 00 49 (0) 40 / 24 94 22
Telefax 00 49 (0) 40 / 28 05 09 02

Kein Ruhetag

Waren Sie schon mal in Paris? Dann kennen Sie mit Sicherheit den Eiffelturm, den Montmartre und den Louvre. Und ganz bestimmt auch die typischen Bistros, die an jeder Ecke zu finden sind und zum unvergleichlichen Charme der Seine-Metropole beitragen. Keine Frage, die Franzosen verstehen etwas von Genuss, Gemütlichkeit und Lebensart – sie haben eben das berühmt-berüchtigte savoir vivre, das uns Deutschen angeblich häufig fehlt. Gut zu wissen, dass in Deutschlands „kühlem Norden" ein Restaurant dieses Vorurteil gründlich widerlegen kann.

Holger Dankenbring und Tilo Moldt, Gastronomen aus Leidenschaft, haben ihr Restaurant Cox ganz im Stil eines Pariser Bistros mit hochlehnigen roten Lederbänken, Kaffeehausstühlen und alten Säulen ausgestattet. Für Behaglichkeit sorgt weiterhin das

weiche, halogenfreie Licht. „Na ja," wird nun der eine oder andere Zweifler sagen, „das habe ich hier auch schon häufiger gesehen." Da mag er in Anbetracht der Fakten sogar Recht haben. Der Unterschied steckt jedoch in der Liebe zum Detail. Dankenbring, der das Restaurant von den Cox-Gründern Herbert Menzer und Lena Bardenhewer übernommen hat, bringt eher unscheinbare, jedoch keineswegs unwichtige Besonderheiten ans Licht: „Unsere Relingstützen sind von Hand verzinnt, die grüne Fassade weist kleine Krakelüren auf und das rote Leder ist patiniert. Von Anfang an wirkte das Cox daher belebt."

Und tatsächlich: Hier spielt das Leben – mit dem Geplauder der Gäste, das mit fröhlichem Lachen gepaart ist, gedämpften Lauten aus der Küche, dem zeitungslesenden Künstler am Nebentisch und der zwanglos herzlichen Bedienung. Eine Atmosphäre der besonderen Art, die auch von draußen, aus dem lebhaften Stadtteil St. Georg, hereinströmt. Kein Wunder, dass man im Cox schnell dem Charme des französischen Ambientes erliegt.

Und nicht nur ihm, sondern zudem auch den exzellenten Speisen: Man muss übri-

gens nicht unbedingt la cuisine francaise auf dem Teller haben, um wie Gott in Frankreich zu speisen. Die Inhaber des Cox betreiben ihr Metier auf sehr individuelle Weise: „Wir kochen regionale Speisen, die wir modern interpretieren; auch den Einflüssen ferner kulinarischer Welten steht unsere Küche offen." Trotz positiver Resonanz ruht sich das Cox nicht auf seinen Lorbeeren aus. Ziel ist es, den Gast jeden Tag aufs Neue zufrieden zu stellen. Unter diesen Voraussetzungen wird man sicherlich noch viele Jahre hanseatische Pariser Luft in der Langen Reihe schnuppern können.

Tellersülze von Hummer und Blumenkohl

Zutaten

2 Hummer à ca. 500 g

Für die Blumenkohlmousse:

1 Blumenkohl (ca. 500 g)
200 ml Gemüsebrühe
500 ml Sahne
Zitrone, Muskat, Salz, Pfeffer
4 Blatt Gelatine
6 Kirschtomaten
Kapern, Kerbel

Für das Gelee:

600 g Tomaten
Salz, Zucker, Knoblauchzehe
1 TL Senfsaat
weißer Balsamico-Essig
5 Blatt Gelatine

Zubereitung

Den Hummer kochen und ausbrechen. Schwänze längs in dünne Scheiben schneiden und die Scheren halbieren. Für die Blumenkohlmousse den Kohl in feine Röschen zerteilen und 300 g davon mit Gemüsebrühe und Sahne (300 ml) weich kochen, pürieren, mit Zitrone, Muskat, Salz und Pfeffer abschmecken. Das Ganze fein passieren. Danach die eingeweichte Gelatine in die heiße Masse geben. Restliche Sahne steif schlagen, unter die abgekühlte Masse ziehen. Blumenkohlmousse mit Hummerscheiben und halber Schere auf vier tiefe Teller verteilen. Mit jeweils 3 halbierten Kirschtomaten, Kapern und Kerbel garnieren. Die Teller ca. 30 Minuten lang kalt stellen, bis die Mousse fest geworden ist. Für das Gelee Tomaten mit Salz, Zucker und Knoblauch pürieren und über Nacht in einem Passiertuch abhängen; den ablaufenden Fond aufheben. 400 ml Tomatenfond mit Senfsaat aufkochen, mit Balsamico, Salz und Zucker würzen. Gelatine eingeweicht in den heißen Fond geben, abkühlen lassen und auf die Teller verteilen. 3 Stunden kalt stellen.
Den restlichen Blumenkohl blanchieren und vor dem Servieren mit den Hummerscheren auf der Sülze anrichten.

THYME

Restaurant Thyme
im Dorint Novotel
Inhaber: ACCOR Hotellerie Deutschland GmbH

Lübecker Straße 3
22087 Hamburg

Telefon 00 49 (0) 40 / 39 19 00
Telefax 00 49 (0) 40 / 39 19 01 90

Kein Ruhetag

Zum intensiven Aroma und dem unvergleichlichen Geschmack der mediterranen Küche tragen in erster Linie wohl Kräuter wie Basilikum, Rosmarin und Oregano bei – nicht zu vergessen der Thymian. Diese Aufzählung genügt, um Erinnerungen an den vergangenen Urlaub in Spanien, Italien oder Frankreich zu wecken und sehnsüchtige Gedanken an die herrlich leichte, frische Küche der Mittelmeerländer aufkommen zu lassen. Aber warum immer gleich in die Ferne schweifen? Das Restaurant Thyme im Dorint Novotel an der Hamburger Außenalster lädt dazu ein, sich ein Stück Urlaub zurückzuholen. Küchendirektor Andreas Pfeiffer und sein Team haben es sich zum Ziel gesetzt, die Gäste für kurze Zeit den Alltagsstress vergessen zu lassen und sowohl Familien als auch Geschäftsreisende mit mediterranen Kreationen zu verwöhnen. Dem Namen des Restaurants alle Ehre machend, werden selbstverständlich Mittelmeerkräuter bei der

Zubereitung verwendet. Als duftende Garnitur bilden sie zudem oft das i-Tüpfelchen auf dem Essen.
Mit ihrem Mittagstisch, der besonders die Angestellten der umliegenden Firmen anspricht, kann die Küche genauso punkten wie abends mit dem à la Carte-Angebot. Die Speisekarte wechselt alle drei Monate, so dass auch saisonale Highlights mit eingebunden werden können. Außerdem hält das Küchenteam immer eine Spezialitätenkarte für den anspruchsvollen Gast bereit. Jungen Besuchern wird mit einer separaten Kinderkarte und kleinen Präsenten besondere Aufmerksamkeit geschenkt.
Das 4-Sterne Hotel, das zur Accor-Gruppe mit weltweit über 4000 Häusern gehört, kann sich mit seinem Restaurant und dessen einzigartigem Namen ein großes Stück Individualität bewahren: „Das Thyme stellt ein wichtiges Standbein für unser Hotel dar, welches nicht nur für die auswärtigen Hotelgäste, sondern auch für Personen aus der Nähe interessant ist", erklärt Hoteldirektor Folke Sievers stolz.
Obgleich das Restaurant sich von außen relativ unauffällig gibt, überrascht schon beim Betreten des Hotels die gelungene Verbindung aus Empfangshalle, der Bar Alster Lounge und eben dem Restaurant Thyme: keine scharfe räumliche Trennung

und doch alles separat. Man fühlt sich niemals allein, aber auch nie belästigt. Einfach gelungen, das moderne, geradlinige Flair in warmen Rot- und Dunkelbrauntönen mit Musikuntermalung: in der Bar etwas auffälliger, im Restaurant dezent. Die Bilder an den Wänden mit Hamburger Motiven in Kombination mit Blumenmustern stellen die perfekte Mischung dar. Sie holen das Mittelmeer in die norddeutsche Hafenstadt. Der Geruch von frischem Thymian hängt hier in der Luft: Einbildung? Oder doch ein kleiner Gruß aus der Küche, ein Vorgeschmack auf das Essen?

Wildentenbrust in Hagebuttensoße

Zutaten für 2 Personen
2 Wildentenbrüste
Wildentenknochen (vom Fleischer mitgeben lassen)
Salz, Pfeffer
50 ml Olivenöl
250 g Röstgemüse
100 ml trockener Weißwein
2 EL Hagebuttenmark
3 EL Zucker
2 TL Apfelessig
70 g Butter

Zubereitung
Die restlichen Federn der Wildentenbrüste über einer Gasflamme abbrennen, Fleisch mit Salz und Pfeffer würzen. Auf der Hautseite scharf anbraten, dann auf die Knochenseite legen und im Ofen bei 160 °C 15 bis 20 Minuten gar ziehen lassen.
Von den Knochen, dem Röstgemüse und dem Weißwein eine Soße herstellen. Diese ca. 30 Minuten köcheln lassen, durch ein Sieb geben und auf 200 ml reduzieren. Nun das Hagebuttenmark zugeben, mit Zucker, einigen Tropfen Apfelessig, Salz und Pfeffer nachschmecken und mit der Butter verfeinern. Die rosa gebratenen Brüste in Tranchen schneiden und die Soße annappieren. Als Beilage eignen sich getrüffelter Rahmlauch und in Thymian sautierte La Ratte-Kartoffeln.

„... Und sie konnten zusammen nicht kommen, das Wasser war viel zu tief..." Ein unüberwindbares Hindernis, wie das in dem alten Volkslied, ist die Elbe heute wahrhaftig nicht mehr. Geografisch zwar durch den Fluss von der Innenstadt getrennt, ist Harburg bequem über Elbbrücken oder durch den Elbtunnel zu erreichen. Eine Stippvisite in Hamburgs Süden lohnt sich. Warum nicht einfach mal den Hafen oder die Elbe aus einer anderen Perspektive begutachten? Immer mehr Menschen wissen das maritime Flair Harburgs mit moderner Architektur am quirligen Hafenviertel und mit denkmalgeschützten Fachwerkhäusern in der Altstadt zu schätzen. Hier hat auch die Gastronomie das Potenzial für sich erkannt.
Rund um Harburg locken eindrucksvolle Naturlandschaften wie die Harburger Berge, die Fischbeker Heide oder das Fischbeker Moor mit stadtnaher Erholung. Eingebettet in Moor und Geest liegt die Gemeinde Neu Wulmstorf, die Hamburg und das Alte Land harmonisch miteinander verbindet.

BLUMEN KAISER

Harmonie und Lebensgefühl soll ein stilvoll dekorierter Tisch ausstrahlen. Melanie und Michael Kaiser sind sich einig: „Was wäre ein exzellentes Essen ohne den entsprechenden Rahmen?“ Die beiden gelernten Floristen stehen seit über 20 Jahren erfolgreich für hochwertige Pflanzen, Floristik und Dekoratives im Hamburger Süden. Florale Inspirationen von Blumen Kaiser zielen dabei – neben stimmungsvoller Trauerfloristik – vor allem auf die Tisch- und Raumgestaltung ab. Ob für Hochzeiten, die Gastronomie oder den privaten Haushalt: Inhaber und Fachpersonal kümmern sich um eine schnörkellose Dekoration, die einzelne Details perfekt zur Geltung bringt. Für einen harmonischen Einklang mit Tisch und Raum werden natürlich blumige Elemente verarbeitet. Sie sorgen für den „grünen“ Rahmen oder durch verstreute Blütenblätter für eine edle Auflockerung. Abgestimmt auf die Jahreszeit sind Früchte, Zweige oder Zapfen ein schöner Hingucker. Elegant können sie Kerzenhalter und Vasen umspielen. Unverzichtbar sind „weiche“ Materialien wie Feenhaar oder Fasern, welche die Dekoration zu einer Einheit verbinden.

Angenehme Wohnlichkeit strahlt auch ein schöner Blumenstrauß aus, der bei Blumen Kaiser mit kreativem Zeitgeist gebunden wird. Ihren liebevoll-verspielten Charme versprühen die Sträuße durch die feinteilige Bindung. Michael Kaiser bezeichnet sich daher auch gerne als „Juwelier unter den Floristen“. Für eine langlebige Blütenpracht und gute Qualität garantiert nicht allein der Florist selbst, sondern auch die vielen zufriedenen Stammkunden und die Auszeichnung durch „Fleurop“ zum ersten Fünf-Sterne-Floristen in Hamburg.

Blumen Kaiser

Inhaber: Melanie und Michael Kaiser

Falkenbergsweg 153a
21149 Hamburg

Telefon 00 49 (0) 40 / 70 20 57 0
Telefax 00 49 (0) 40 / 70 20 57 22

Ruhetag: Sonntag und Dienstagnachmittag

MOMENTO DI

HAMBURG

„Augenblick, verweile doch, du bist so schön!" Ähnlich wie einst Goethes Faust scheint man im momento di die Zeit festhalten zu wollen. Der Name des italienischen Restaurants ist keineswegs zufällig gewählt. Hier soll sich der Gast wohlfühlen und entspannen, vom Alltag abschalten, gut speisen und trinken – eben den Moment genießen. Die Lage am Harburger Lotsenhafen verströmt Ruhe, durch das Wasser aber auch Bewegung und Weitsicht und bietet in dieser kulinarisch noch recht verwaisten Gegend Potenzial für wesentlich mehr.

Atmosphäre pur strahlt das Interieur aus. Gerne möchte man die schwer in Worte zu fassenden Eindrücke, eben den Moment, mit einer Kamera festhalten: „Großzügig; aber überschaubar! Diskret; aber repräsentativ! Geschmackvolle Details wohin das Auge blickt", beschreibt das Restaurant-Team das Ambiente. An den hohen Wänden hängen in riesiger Vergrößerung persönliche Bilder von Inhaber Osvaldo Ferilli aus seiner Heimat Apulien; sie stellen die Weinherstellung vor über 70 Jahren dar. Apropos: Der Wein im momento di kommt aus Italien und steht in Weinkisten aufgebaut vor der großen, offenen Küche in Thekenform. Hier kocht Küchenchef Uwe Witzke für seine Gäste kreative Köstlichkeiten auf höchstem Niveau und ist dafür verantwortlich, dass man die (kulinarischen) Momente so lange wie möglich festhalten will.

Im momento di ist jeder Augenblick ein besonderer. Schön, dass der Besucher, ohne eine Enttäuschung der hohen Erwartungshaltung, bei jedem Besuch aufs Neue unvergessliche Momente erleben kann.

Restaurant momento di

Inhaber: Osvaldo Ferrili und Vincenzo Andronaco

Veritaskai 3
21079 Hamburg

Telefon 00 49 (0) 40 / 76 75 55 94
Telefax 00 49 (0) 40 / 76 75 34 94

Ruhetag: Sonntag

SILO16

Eine Pizza ist eine Pizza. Diese Ansicht ist heute längst überholt. Neben der Fast-Food-Variante nimmt das Angebot für den anspruchsvollen Gaumen stetig zu. Osvaldo Ferilli, Inhaber des Silo16, ist überzeugt: „Wir machen die beste Pizza der Stadt. Köstlich gewürzt, raffiniert belegt, heiß serviert und im traditionellen Stil gebacken." Einen Besuch im Silo16 ist zudem die tolle euro-asiatische Küche oder einfach nur ein leckerer Cocktail wert.

Schon die Location in einem ehemaligen Getreidespeicher am Harburger Binnenhafen verspricht viel. Groß und offenherzig ist der sechs Meter hohe Innenraum mit Blick auf die Siloschächte, jung, modern und weltoffen die Einrichtung. Eine riesige Deckenmalerei, die jener im Petersdom zu Rom verblüffend ähnelt, zieht die Blicke auf sich. Bei genauerem Hinsehen verbergen sich hinter den christlichen Motiven Pizzen, Parmesan, Oliven, Peperoni und weitere Pizzazutaten. Das Thema Pizza ist im Silo16 tatsächlich eine Religion. Ob dick oder dünn, mit oder ohne Tomaten – schon beim Teig hat man die Wahl. Sehr verführerisch klingt die „Speziale", eine „kleine Schweinerei" (Ferilli) aus papierdünnem, knusprigen Teig. Natürlich sind auch die Zutaten etwas Besonderes: Das Mehl kommt aus Italien; als Käse wird Büffelmozzarella verwendet und der Boden ist frisch und kreativ belegt. Radicchio, Mangospalten, Pinienkerne, Salamini oder Pistazien garantieren ein völlig neues Pizza-Geschmackserlebnis. Pizza ist eben nicht gleich Pizza, das weiß jeder, der die „beste Pizza der Stadt" im Silo 16 einmal gegessen hat.

Restaurant und Lounge Silo16

Inhaber: Osvaldo Ferrili und Vincenzo Andronaco

Schellerdamm 16
21079 Hamburg

Telefon 00 49 (0) 40 / 41 54 14 94
Telefax 00 49 (0) 40 / 41 54 14 95

Ruhetag: Montag

ZUM DORFKRUG

Neu Wulmstorf

Cremig-mild mit einem abgerundeten süß-säuerlichen Geschmack feiner Zwiebeln und Gewürze: Wer in norddeutschen Supermärkten nach einer guten, frischen Salatsoße sucht, wird zwangsläufig auf die „Sylter Salatfrische“ aufmerksam. Ein genaueres Betrachten der Flaschen zeigt, dass der Hersteller weder ein großer Industrieller ist, noch von der nordfriesischen Insel kommt. Vielmehr steckt das renommierte Restaurant Zum Dorfkrug aus Neu Wulmstorf dahinter. Die Idee, sein beliebtes Hausdressing im großen Stil zu vermarkten, kam Inhaber Thomas Hauschild im Sylturlaub: „Sylt steht für Frische und Hochwertigkeit, genau wie unsere etwas andere Salatsoße. Die Einzigartigkeit erhält sie durch einen Schuss Liebe aus Neu Wulmstorf“, so Hauschild.

Die Herstellung des köstlichen Produkts nimmt viel Zeit in Anspruch, trotzdem lässt es sich der Koch nicht nehmen, sowohl im Restaurant als auch beim Partyservice seine Gäste kulinarisch zu verwöhnen. Stolz kann der in einem Fachwerkhaus beheimatete Dorfkrug auf sechs Generationen Familienbetrieb zurückblicken. Der Name ist dennoch nicht allzu wörtlich zu nehmen, denn die Zukunft liegt dem Restaurant etwas mehr am Herzen als die Tradition. „Schließlich wollen die Gäste wissen, wie es heute schmeckt“, meint der Inhaber. Von kreativ-exotisch über elegant-leicht bis traditionell-bodenständig – für jeden ist etwas dabei.

Auch die Einrichtung ist zeitgemäß. Mediterrane Rot- und Orangetöne harmonieren mit den stilvoll eingedeckten Tischen.

Einen Vorgeschmack holt man sich am besten gleich beim nächsten Einkauf – mit der „Sylter Salatfrische“ aus Neu Wulmstorf.

Restaurant Zum Dorfkrug
Inhaber: Thomas Hauschild

Grenzweg 1
21629 Neu Wulmstorf

Telefon 00 49 (0) 40 / 70 06 24 7
Telefax 00 49 (0) 40 / 70 05 79 8

Ruhetage: Montag bis Mittwoch

OBSTHOF VIETS

„Unsere Hofladenprodukte haben alle eine Geschichte,“ erzählen Barbara und Claus Viets stolz. Neben dem vielfältigen Obstangebot aus eigenem Anbau bietet der Hofladen im Süden Hamburgs ausgesuchte, größtenteils einzigartige Produkte an Saft, Wurst, Sanddornartikeln, Marmelade, Wein, Öl und Müsli an. „Wir kennen unsere Lieferanten persönlich, nicht selten verbindet uns eine Freundschaft“, klärt die Inhaberin auf: „Da wir alles selbst probieren, können wir den Kunden jederzeit nützliche Tipps mit auf den Weg geben.“
Ganz im Stil einer schwedischen Stuga präsentiert sich der großzügige Hofladen auf anderthalb Etagen. Die Affinität der Familie zum skandinavischen Land erkennt man zudem am schwedischen Kunsthandwerk aus Glas, Metall und Keramik, das die Viets von befreundeten schwedischen Künstlern beziehen und selbst mitbringen. Es wird ebenfalls erfolgreich auf dem Obsthof verkauft.

Hauptaugenmerk ist und bleibt aber das frische Obst aus integrierter Produktion. Ob Erdbeeren, Johannisbeeren, Himbeeren, Heidelbeeren, Süß- und Sauerkirschen, Pflaumen, Zwetschgen, Birnen oder Äpfel: Hier bekommt der Kunde die gesamte Palette an regionalen Früchten – und das in riesiger Auswahl. Allein an Äpfeln werden 60 köstliche Sorten angebaut, darunter auch einige alte wie Ingrid Marie oder Goldparmäne. Jedes Jahr pflanzt Claus Viets zudem neue Sorten, zum Beispiel Topaz oder Delbarestivale. Eine kompetente Beratung gehört natürlich auch beim Obst dazu: Kein Problem für die Viets; die Früchte kommen ja vom eigenem Hof.

Obsthof Viets
Inhaber: Barbara und Claus Viets

Plantagenweg 2
21629 Neu Wulmstorf

Telefon 00 49 (0) 41 68 / 13 91
Telefax 00 49 (0) 41 68 / 83 53

Ruhetag: Montag (von September bis Mai)

Ob Elstar, Jonagold, Ingrid Marie, Boskop oder Holsteiner Cox – so ein Apfel ist nicht nur gesund und nahrhaft, sondern auch lecker. Gut schmecken auch der Jamba, Gravensteiner oder Golden Delicious. Wo immer Sie gerade kraftvoll zubeißen: Groß ist die Wahrscheinlichkeit, dass die runde Köstlichkeit aus dem Alten Land kommt. Denn mit gut zehn Millionen Obstbäumen verteilt auf 1300 Obstanbaubetriebe ist die niedersächsische Region an der Niederelbe Mitteleuropas größtes zusammenhängendes Obstanbaugebiet. Mit etwa achtzig Prozent nehmen die Äpfel die Hauptanbaufläche ein. Aber auch Kirschen, Pflaumen, Zwetschgen, Birnen oder Mirabellen gedeihen hier hervorragend.

Schon über 650 Jahre liegt die erste Obsternte zurück. Wahrscheinlich waren es Mönche aus den Stader Klöstern, die hier ihre Obstbäume anbauten. Die Voraussetzungen waren gut, denn bereits im 12. Jahrhundert haben fleißige Holländer das feuchte Sumpfgebiet eingedeicht, entwässert und trockengelegt. Vom holländischen Einfluss zeugen noch heute die Galerie-Windmühlen. Aus der Zeit der niederländischen Kolonisierung stammt wohl auch der Name, der den Kontrast zwischen den neu hinzukommenden Abschnitten und dem bereits kultivierten Land hervorhob – neues Land und altes Land.

Auf dem fruchtbaren Marschland wuchsen die Früchte hervorragend. So kam es, dass Landwirte, Fischer und Handwerker dem Beispiel der Mönche folgten. Vom anfänglichen Nebenerwerb der bis dahin von Land- und Viehwirtschaft geprägten Region entwickelte sich das Obstgeschäft mehr und mehr zur Haupteinnahmequelle. Man profitierte von der Nähe zur Großstadt Hamburg und ihrem Fischmarkt, wo die Ware gewinnbringend abgesetzt werden konnte. Mit der Zeit verschifften die Obstbauern Kirschen, Äpfel und Co. sogar ins

Ausland nach England, Dänemark und Südschweden. Seit etwa 50 Jahren ist das Obstgeschäft mit knapp 11 000 Hektar Anbaufläche neben dem Tourismus der bedeutendste Wirtschaftszweig der Region. Vieles hat sich seit den Anfängen des Obstanbaus verändert – man ist mit der Zeit gegangen. So konservieren die Altländer Obstbauern die Früchte ihrer Erntearbeit in sauerstoffentzogenen Lagern, damit man ganzjährig frische Äpfel genießen kann. Die berechtigte Frage manches Besuchers, warum die spindelförmigen Bäume relativ niedrig wachsen, ist schnell beantwortet: Während der Ernte erleichtern die mannshohen Bäume die Arbeit der Erntehelfer enorm. Denn das Obst wird schließlich noch von Hand gepflückt – das ist Ehrensache. Und die sorgfältige Arbeit garantiert die gute Qualität der Früchte.

Wenn Sie das nächste Mal in einen herrlich frischen und knackigen Apfel beißen, dann denken Sie an Niedersachsens Obstgarten am Elbstrom – denn die leckere Frucht kommt mit Sicherheit aus dem Alten Land.

LABORA DILIGENT
NIHIL MELIUS NIHIL HOMINI LIBERO DIGNIUS QUAM AGRICULTURA
ATQUE ORA LIBENTER
A. D. 1900
Gästezimmer

Seine schmucken Bauernhäuser mit Fachwerkfassade, Prachtgiebel und leuchtend weißen Prunkpforten sowie seine barocken Kirchen hat das Alte Land vor allem einem Umstand zu verdanken: dem Obstanbau. Denn die süßen Früchte brachten Wohlstand in die kleinen Dörfer und Gemeinden im Herzen der Region. Von Reichtum zeugen auch die typischen Altländer Trachten, die man zu besonderen Anlässen trug und immer noch gerne zeigt. Wenn es um das Feiern geht, dann lassen sich die Altländer seit jeher nicht lumpen. Ihre Hochzeiten waren vor allem eins – sehr groß. Meist wurde das gesamte Dorf, teilweise auch das Nachbardorf, eingeladen. Für das leibliche Wohl sorg(t)en die kräftige Altländer Hochzeitssuppe und der berühmte Altländer Butterkuchen.

Das Thema Hochzeit hat in der Region auch heute noch einen hohen Stellenwert. Immer mehr Nicht-Altländer wählen das idyllische Fleckchen Erde vor den Toren Hamburgs, um sich das Ja-Wort zu geben. Ein nostalgisches Flair empfängt das Brautpaar z.B. auf dem Standesamt in Jork, dem historischen „Gräfenhof". Hier hat sich einst schon Gotthold Ephraim Lessing trauen lassen.

Für die kirchliche Zeremonie steht eine schöne Auswahl an Gotteshäusern zur Verfügung. Ob in Jork, Grünendeich, Neuenfelde, Stein- oder Mittelnkirchen: Die schmucken Kirchen im Alten Land haben sich als Hochzeitskirchen etabliert. Schon der Hochzeitsmarsch wird hier zu einem besonderen Erlebnis. Die bewegenden Klänge ertönen in vielen Kirchen aus einer der weltberühmten Arp-Schnitger-Orgeln, die um 1700 mit viel Detailliebe erbaut wurden.

Eine weiße Kutsche fährt das Brautpaar weiter zum Festschmaus in eines der vielfältigen Restaurants, die sich auf größere Gesellschaften bestens eingestellt haben. Vorbei geht es an denkmalgeschützten Altländer Fachwerkhäusern mit roten Ziegeln und weißen Balken. Augenfällig ist die liebevoll verzierte so genannte Brauttür dieser Häuser. Geöffnet werden darf sie nur zu drei Anlässen – bei der Hochzeit, der Beerdigung und im Fall eines Feuers.

Die große Anzahl an Hofläden, die die Kutsche passiert, verwundert angesichts der umliegenden Obstplantagen wenig. Ob am Verkaufsstand, in einer alten Scheune oder in einem schönen Bauernhaus – hier bekommt man stets frisches, saisonales Obst in seiner ganzen Vielfalt. Viele Obsthöfe verkaufen die Früchte auch in ihrer veredelten Form. Leckere Konfitüren, Gelees, Liköre oder Apfelchips sehen nicht nur verführerisch aus, sondern schmecken auch prima.

Die Hochzeit war sicherlich nicht der letzte Anlass für einen Besuch im Alten Land. Einen Ausflug lohnen auch das beliebte Blütenfest im Mai oder der Tag des offenen Hofes im September – Veranstaltungen, die Besucher aus ganz Norddeutschland hierher locken.

Großen Anklang hat auch die Idee der Hochzeitsbank gefunden, die den Namen des Brautpaars und das Datum der Hochzeit verewigt und an einem herrlichen Platz in der Region aufgestellt wird. Gerne kehrt man da als Paar zurück, um auf „seiner" Bank entspannt den Blick auf schmucke Fachwerkhäuser, historische Kirchen und unzählige Obstbäume zu genießen.

OBSTHOF MATTHIES

Obsthof Matthies

Inhaber: Martina und Wilhelm Matthies

Am Elbdeich 31
21653 Jork / Borstel

Telefon 00 49 (0) 41 62 / 91 58 0
Telefax 00 49 (0) 41 62 / 91 58 34

Kein Ruhetag

Not macht erfinderisch. Martina und Wilhelm Matthies sind sich einig: „Wenn die Notwendigkeit besteht, etwas verändern zu müssen, dann kommt man auf Ideen.“ Heute blickt das Unternehmerpaar stolz auf seinen florierenden Obsthof, dessen vielseitiges Angebot einen Hofladen und ein Café, Obsthofführungen, Ferienwohnungen und Direktvermarktung umfasst.

Die Erfolgsgeschichte des seit vier Generationen bestehenden Familienbetriebes begann mit einem Schicksalsschlag. Ein großer Brand zerstörte im Jahre 1995 Haus und Hof. Jahrhundertealtes Bauwerk, Möbel, Kleidung und Erinnerungen – alles fiel den Flammen zum Opfer. Nur die Grundlage war noch geblieben: Obstbäume auf 22 Hektar Fläche, die bewirtschaftet werden wollten. „Der Brand war ein Wink des Schicksals – das Signal für einen Aufbruch zu neuen Ufern“, weiß die Inhaberin heute.

Nach dem Wiederaufbau des Wohnhauses und der Produktionsstätten kam der Hofladen dazu, der den Verkauf in der Scheune ablöste. Nicht nur frisches Altländer Obst gibt es hier, sondern selbiges auch in seiner veredelten Form – Säfte, Spirituosen oder hausgemachte Konfitüren in 62 verschiedenen Sorten. Darüber hinaus sind regionale Produkte wie Wurst, Honig oder Gemüse im Angebot.

Ein großes Anliegen war es der Familie, beim Kunden ein Bewusstsein für die Qualität und Herkunft des Obstes zu schaffen. Der nächste Schritt lag nahe: Mit Obsthofführungen klärt Wilhelm Matthies unterhaltsam und kurzweilig über den Obstanbau auf und erläutert dabei auch die Vorzüge der „integrierten Produktion". „Apfel ist nämlich nicht gleich Apfel und wächst schon gar nicht von allein," so der Obstbauer.
So eine Führung an der frischen Luft macht hungrig. Und warum die Gäste wegschicken, wenn man Kaffee und Obstkuchen auch selbst anbieten kann? Die Idee des eigenen Cafés wurde 2001 mit dem Anbau in Form eines Gewächshauses in die Tat umgesetzt. Selbstgebackene Apfel- oder Kirschkuchen, Zitronen-Baiser-Torte und weitere fruchtige Leckereien genießt der Gast hier in gemütlicher Umgebung mit Pflanzen und einem großen Apfelbaum in der Mitte des Raumes. „Wenn schon neu, dann darf es sich auch optisch von anderen Cafés im Alten Land unterscheiden", meint Martina Matthies. Darf es: Das sehen die Besucher, neben Gruppen und Busreisenden auch viele Altländer, genauso. Beliebt ist besonders das „Schlemmer-Frühstück" am Mittwoch und der sonntägliche „Altländer

Frühstücksbrunch" mit veredeltem Obst wie Obstsalat oder Säften und Spezialitäten der Region.
Die positive Resonanz bestätigt die Familie in ihrer Idee, mit Mut und Risikobereitschaft aus einem Obsthof mehr zu machen, ohne dabei die Tradition aus den Augen zu verlieren. Ein Familienbetrieb wird der Obsthof Matthies bleiben, aber einer, der etwas mehr zu bieten hat.

Kirsch-Käse-Torte

Zutaten
dünner Mürbeteigboden
heller Biskuitboden (in 2 Scheiben geschnitten)
2–3 EL Aprikosenmarmelade
350 g Quark
100 g Zucker
Zitronensaft
5 Blatt Gelatine
350 ml Sahne
500 g frische, entsteinte Kirschen oder
2 Gläser Sauerkirschen (abgetropft)
2 Päckchen roter Tortenguss
200 g Mandeln

Zubereitung
Mürbeteig- und Biskuitboden wie gewohnt backen (alternativ auch fertig beim Bäcker kaufen). Für die Quarkmasse den Quark mit Zucker und Zitronensaft verrühren. Die Gelatine auflösen und einrühren, danach die geschlagene Sahne unterheben.
Den Mürbeteigboden mit Marmelade bestreichen und mit einem Tortenring umschließen. Den ersten Biskuitboden darauf legen, mit Quarkmasse bestreichen. Anschließend den zweiten Boden auflegen und die Kirschen darauf verteilen. Tortenguss nach Anweisung zubereiten und die Kirschen damit übergießen. Die Torte 3 Stunden kalt stellen.
Danach den Tortenring lösen und die Torte mit 100 g geschlagener Sahne umstreichen. Mandeln rösten, erkalten lassen und am Rand der Torte verteilen. Vor dem Servieren mit Sahnetupfen verzieren und jeweils eine Kirsche darauf legen.

DIE MÜHLE

Restaurant Die Mühle
Inhaber: Eckhard Burfeindt

Am Elbdeich 1
21653 Jork

Telefon 00 49 (0) 41 62 / 63 95
Telefax 00 49 (0) 41 62 / 60 05 22

Ruhetag: Dienstag

Das erste Mal kommen die Gäste der historischen Mühle wegen, das zweite Mal wegen des Essens. Die Gründe für einen Besuch im Restaurant Die Mühle lassen sich in logischer Kürze zusammenfassen. Denn was Inhaber Eckhard Burfeindt und sein Team hier auftischen, schmeckt den Gästen außergewöhnlich gut. Das Restaurant setzt vor allem auf Frische und Qualität. „Wir verwerten, was Feld und Stall in der Region und zur Saison hergeben. Viele Produkte kommen direkt vom Bauernhof, nicht selten aus dem Bio-Anbau", erläutert Burfeindt: „Selbstredend verarbeiten wir auch frisches Obst aus dem Alten Land."
Bei der Auswahl seiner Speisen wird Küchenchef Marek Strobel allen Ansprüchen gerecht. Von der deftigen hausgemachten Sülze mit Bratkartoffeln bis zum kreativ-feinen Strudel von Steinbeißer und Hummer ist für jeden Geschmack etwas dabei. Auf die kleine, alle 14 Tage wechselnde Karte gehört natürlich auch ein Klassiker – der berühmte Hamburger Pannfisch. Die 200 Positionen auf der Weinkarte, darunter viele Rebsäfte aus Deutschland, sorgen für den passenden Begleiter zum Essen.
Die kulinarischen Köstlichkeiten genießt man in einmaliger Umgebung, in der Mühle „Aurora" aus dem Jahre 1856, die nicht nur Wahrzeichen der Region, sondern auch magischer Anziehungspunkt für Touristen und Einheimische ist. Erhöht auf dem Deich gelegen fällt das alte Bauwerk schon aus großer Entfernung ins Auge. Von der Terrasse bietet die Mühle dann einen herrlichen Aus-

blick auf unzählige Apfelbäume und das pittoreske Städtchen Jork. Steht man auf der 14 Meter hohen hölzernen Galerie, die für Stehempfänge genutzt wird, kann man sogar bis nach Hamburg-Blankenese blicken. Das Interieur empfängt den Gast mit dem nostalgischen Charme der alten Mühle, die nach aufwändiger Restaurierung heute unter Denkmalschutz steht. Holzbohlen, runde Sprossenfenster und rote Klinker erinnern genauso an vergangene Zeiten wie der riesige Mahlstein auf der Galerie.
Damit der Gast hier einen ganz besonderen Abend erlebt, müssen natürlich alle Faktoren perfekt aufeinander abgestimmt sein. Abgerundet wird der Gesamteindruck durch den herzlichen Service. Viel Wert legt Burfeindt auf ein harmonierendes Team, das die Gäste schon an der Tür empfängt und dezent-charmant durch den kulinarischen Abend begleitet. Hier fühlt sich der Gast so gut aufgehoben, dass er auch seine eigenen Gäste in die Mühle einlädt, um auf drei wunderschönen Ebenen zu feiern. Der Grund für den dritten Besuch ist damit geklärt. Und er ist ganz bestimmt nicht der letzte ...

Jork

Gefüllte Maispoulardensurpreme

Zutaten
4 Stück Maispoulardensurpreme à 180 g
100 g Maispoulardenfleisch ohne Haut
100 ml Sahne
10 g Trüffelbutter
je 20 g Karotte und Sellerie
Salz, Pfeffer

Zubereitung
Maispoulardenfleisch sehr fein hacken, Sahne dazugeben und zusammen kuttern. Achtung: Fleisch und Sahne müssen kalt sein, sonst gerinnt die Masse. Die Fleischmasse durch ein feines Haarsieb streichen und kalt stellen. Karotte und Sellerie putzen, in sehr kleine Würfel schneiden und anschließend blanchieren. Mit scharfem Messer vorsichtig in die Maispoulardensurpreme eine Tasche hineinschneiden.
Die Trüffelbutter bei niedriger Temperatur flüssig werden lassen, unter das Gemüse und die Fleischmasse rühren, mit Salz und Pfeffer abschmecken. Masse in einen Spritzbeutel geben und in die Taschen einfüllen, bis sich keine Luft mehr in der Brust befindet. Die Poularde von außen salzen, pfeffern, dann die Unterseite bei kleiner Hitze etwa 1 Minute anbraten, die Oberseite 3–4 Minuten, bis die Haut kross ist. Die Brüste im vorgeheizten Ofen bei 140 °C 15 Minuten zu Ende garen.
Als Begleitung zu diesem Gericht werden dunkle Poulardensoße, Sommergemüse, frische Pfifferlinge und hausgemachte Gnocchi empfohlen.

Ein Elstar schmeckt säuerlich, ein Cox Orange süß-saftig – das ist bekannt. Aber wie schmeckt ein Gelber Richard, ein Purpurroter Cousinot oder ein Finkenwerder Herbstprinz? Fast vergessen sind diese historischen, heute sehr seltenen Apfelsorten. Auskunft über Geschmack, Farbe, Festigkeit und Koch- oder Backeigenschaften bekommt man bei Ulrike Schuback. Ihre Familie betreibt auf dem Anwesen seit dem 16. Jahrhundert Obstbau. Dieser langen Tradition ist es zu verdanken, dass es im Obstparadies Schuback (neben sämtlichen regionalen Früchten) über 20 Sorten an Äpfeln gibt.

Seit 2005 bietet die junge Frau zudem das beliebte „Altländer Apfeldiplom“ an. Willkommen ist jeder, der meint, etwas Aufklärung rund um das Thema Apfel täte ihm gut und der zudem ein paar interessante Stunden verbringen möchte. Auf Strohballen oder Apfelkisten sitzend, trifft man sich in einer gemütlichen Scheune, die dem Thema entsprechend dekoriert ist, z.B. mit Apfelbildern von Künstler Holger Wohlfart.

Erklärtes Ziel ist es, nach zwei Stunden ein „Apfeldiplom“ in den Händen zu halten. Dazu testen die Teilnehmer ihr Wissen über Apfelsorten mit Kostproben, erfüllen praktische Aufgaben und nehmen an allerlei lustigen Spielen teil. Passend zum Thema wird „Diekpedder“ – ein Altländer Getränk aus Apfelsaft und Obstler – getrunken, der die neu erworbenen Kenntnisse bestens vertiefen soll. Im schriftlichen Test zeigt sich dann, wer Apfel-Laie und wer Apfel-Kenner ist. Mit nach Hause nimmt man am Ende nicht nur Urkunde und kleine Preise, sondern auch ein neues Bewusstsein für die wohlschmeckende und gesunde Frucht.

Obstparadies Schuback
Inhaberin: Ulrike Schuback

Hofläden:
Westerjork 81 (von September bis Mai)
Am Elbdeich 32a (von Juni bis August)
21653 Jork

Telefon 00 49 (0) 41 62 / 37 0
Telefax 00 49 (0) 41 62 / 91 10 04

Apfeldiplom: Termine nach Vereinbarung

GRANDIFLORA

Mit ihrer großen weißen Blüte und ihrem herrlichen Duft ist die am Mittelmeer verbreitete Riesenmagnolie „Grandiflora" eine ausgefallene Blume der ganz besonderen Art. Bewusst hat Monika Butendeich ihrem eleganten Blumen- und Ambientegeschäft diesen Namen gegeben, spiegelt sich der spezielle Charakter der Pflanze doch hier in vielen Elementen wieder.
Die Vorliebe der Inhaberin für große Blüten fällt ins Auge. Ihre Rosen aus Equador und Kolumbien bestechen wahrlich durch Ausstrahlung. Eine Blüte genügt, um ein Gefäß dekorativ zu füllen. Mit seiner Größe punktet auch der Verkaufsraum in einem schönen Bauernhaus aus dem 19. Jahrhundert – rustikal, naturnah und doch sehr stilvoll. Die lange, geschmackvoll dekorierte Tafel in der Mitte des Raumes bietet mit Kerzenhaltern, Vasen, Gefäßen und floralen Kreationen schöne Anregungen, einen Tisch edel zu gestalten. Farblich wird die Tafel – ebenfalls in Anlehnung an „Grandiflora" – von Weiß, aber auch von Schwarz bestimmt und mit harmonischen Farbtupfern aufgelockert. Für den angenehmen Duft sorgen hochwertige Kerzen mit ätherischen Ölen. Draußen wartet ein Schaugarten, der außergewöhnliche, frostfeste Objekte wie Terrakotta aus Impruneta bietet.

Abgerundet wird das Angebot durch kleine kulinarische Köstlichkeiten, die genau wie die namensgebende Pflanze vorwiegend aus Italien kommen, nicht selten aus Frankreich. Exquisite Produkte an Wein, Olivenöl, Fleur de Sel und Pesto bekommt der Kunde hier ebenso wie Schokoladenspezialitäten. Wer das Erlesene und die ausgefallene Exklusivität liebt, ist bei Monika Butendeich genau richtig. „Grandiflora": Der Name ist hier Programm.

Grandiflora
Inhaberin: Monika Butendeich

Muddweg 159
21720 Mittelnkirchen

Telefon 00 49 (0) 41 42 / 81 38 50
Telefax 00 49 (0) 41 42 / 81 37 70

Ruhetage: Sonntag und Montag

TOURISMUSVERBAND LANDKREIS STADE / ELBE E.V.

Obstbäume so weit das Auge reicht: Eine Augenweide sind sie zur Blütezeit im Mai, wenn man das Gefühl hat, in einem Meer aus zartrosa Blüten zu baden. Für einen einzigartigen Gaumenschmaus sorgen die Bäume während der Erntezeit im September. Frischer geht es wahrlich nicht, wenn das von Hand gepflückte Obst über den Verkauf im Hofladen oder am Straßenstand direkt in den Mund wandert.

Mit ihrem maritimen Klima direkt am Elblauf und dem stets etwas feuchten Marschboden bietet die „Urlaubsregion Altes Land am Elbstrom“ ideale Voraussetzungen für den Obstanbau. Die knackigen Äpfel schmecken nicht nur süß, sondern besitzen einen ausgewogenen Säuregehalt.
Pur genossen sind Kirschen, Äpfel und Zwetschgen einfach köstlich, aber auch in ihrer veredelten Form sind sie allemal eine Sünde wert. Die Hofläden kochen Marmeladen und Gelees; eine Brennerei stellt Fruchtliköre und -brände her und Mostereien produzieren Apfelsaft. Die Gastronomie hat sich ebenfalls auf die süßen Früchte eingestellt und bietet sie in kreativen Variationen an: Warum nicht mal Apfel-Carpaccio, Kirschsuppe oder Apfel-Lasagne probieren? Unter Obstbäumen sitzend

Tourismusverband Landkreis Stade / Elbe e.V.

Kirchenstieg 30
21720 Grünendeich

Telefon 00 49 (0) 41 42 / 81 38 38
Telefax 00 49 (0) 41 42 / 81 38 40

schmeckt ein „Ollaner Appel-Koken" gleich doppelt so gut. Es geht aber auch ohne Obst: Altländer Butterkuchen oder Altländer Hochzeitssuppe sind regionale Spezialitäten. Neben dem historisch gewachsenen Kern umfasst die „Urlaubsregion Altes Land am Elbstrom" den gesamten Landkreis Stade und hat landschaftlich wie auch kulinarisch noch einiges mehr zu bieten. Marsch, Moor und Geest mit Naturschutzgebieten, freiem Land, Tälern, Wäldern und dem Elbstrand zeigen die Vielfalt auf; die reizenden Hansestädte Stade und Buxtehude runden das Bild ab. Die Geest bietet ideale Bedingungen für den Spargel- und Erdbeeranbau, auch Molkereiprodukte gibt die von Viehzucht geprägte Region her. Fisch steht im Norden der Urlaubsregion, in Kehdingen, ganz oben auf der Speisekarte. Häufig findet man auch den „Kehdinger Schinkenbüddel", eine Spezialität aus Brandteig.
Die kulinarische Fülle bringt die „Regionale Esskultur Elbe, Weser, Nordsee" unter einen Hut. In diesem Netzwerk sind Restaurants, Cafés, Hofläden und Produzenten vertreten, die für ihre guten Produkte ausgezeichnet wurden. Dazu gehören u.a. der Obsthof

Matthies, das Restaurant-Cafe Altländer Obsthof, der Spargelhof Werner, die Jithofer Käserei oder die Hofgastronomie Bauernscheune. Aufnahmekriterien sind an erster Stelle die Herkunft und Qualität der Produkte sowie das Ambiente. Heimische Erzeugnisse mehr in den Vordergrund zu rücken ist das erklärte Ziel. Gäste sollen Anregungen bekommen, wo sie hier gut essen und einkaufen können.
Touristen sieht das schöne Fleckchen Erde vor den Toren Hamburgs viele – und jedes Jahr werden es mehr. Mit über 1000 Kilometern ausgeschilderter Radwege eignet sich das flache Land ideal für Fahrrad- oder Wandertouren. Entlang der Elbe führt der Elberadweg und zudem ein Teil des Nordseeküstenradweges – laut Guinness-Buch der Rekorde ist er mit 6000 Kilometern der längste ausgeschilderte Radweg der Welt. Eine Schifffahrt auf der Elbe oder Ausflüge mit der Altländer Bimmelbahn, dem „Moor- oder Vogelkieker" sind weniger anstrengend, aber ebenso lohnenswert. Mit dem Katamaran Elbe-City-Jet kann man zudem bequem einen Ausflug in die Metropole Hamburg unternehmen. Genug Unterhaltung bekommt der Gast aber auch hier: Ob Obsthofführungen, Stadterkundungen mit Gästeführern in traditioneller Tracht oder sportliche Betätigungen wie Boßeln oder Golfen – die Region bietet für jeden Geschmack etwas. Und die reichhaltige Obstauswahl versüßt bestimmt jeden Aufenthalt.

FEINKOSTFLEISCHEREI DÜWER

„Knackig sollen sie sein und dabei trotzdem zart bleiben“, meint Hans Düwer. „Außerdem müssen sie einen natürlichen Geschmack haben, der zudem angenehm mild ist“. Wer den Fleischer kennt, weiß wovon er spricht. Die frischen selbstgemachten Würstchen der Feinkostfleischerei Düwer – vom Geschmack her mit Wiener Würsten vergleichbar – sind weit über die Grenzen der kleinen Altländer Gemeinde Grünendeich hinaus bekannt und beliebt. Einfach lecker!

Konkurrenz kommt da nur aus der eigenen Familie. Sohn Jan hat seine eigenen Würstchen kreiert. Die „Grünendeicher Knacker“ sind Meisterstücke im wahrsten Sinne des Wortes. Denn mit der krakauerähnlichen Wurst hat der junge Mann seine Meisterprüfung zum Fleischer erfolgreich bestanden. Stolz bieten Marlene und Hans Düwer diese Eigenkreation, die sich großer Beliebtheit erfreut, im Ladengeschäft an: „Der Apfel fällt eben nicht weit vom Stamm“, lächelt Düwer und freut sich, dass sein Sohn im Familienbetrieb aktiv mitarbeitet und ihn in fünfter Generation fortführen wird.

Eine Menge Arbeit gehört dazu, denn die Fleischerei produziert und verkauft neben ihren tollen Würstchen noch so einiges mehr. 85 Prozent der Fleischwaren werden selbst hergestellt, darunter Brat-, Mett- und Leberwurst und ein großer Teil des Aufschnittes. Marlene Düwer betont: „Unsere Produkte haben einen konstanten Geschmack, der eine individuelle Handschrift trägt. Die hochwertige Qualität resultiert nicht nur aus den guten Rohprodukten, sondern zudem aus der handwerklichen Verarbeitung.“

Feinkostfleischerei Düwer
Inhaber: Hans Düwer

Kurze Straße 18
21720 Grünendeich

Telefon 00 49 (0) 41 42 / 22 67
Telefax 00 49 (0) 41 42 / 22 00

Ruhetag: Sonntag

Altländer Hochzeitssuppe

Zutaten für 10 Personen
5 kg mageres Rindfleisch
(in 4 x 4 cm große Würfel geschnitten)
7,5 l kräftige Rinderbrühe
80 g Salz
2 Sellerie
500 g Butter
500 g Mehl
1 EL Muskatnuss, gemahlen
1 Messerspitze Muskatblüte
1/2 TL Zucker
Rosinen
Rosinenbrot

Zubereitung
Aus Rinderknochen eine Brühe zubereiten, Salz und Sellerie hinzufügen. In der Brühe das Fleisch etwa 2 Stunden gar köcheln lassen. Das Fleisch herausnehmen und die Brühe mit Mehl und Butter andicken. Mit Muskat und Muskatblüte abschmecken. Kurz vor dem Servieren das Rindfleisch wieder in die Suppe geben. Die Rosinen in heißem Wasser aufweichen und ebenfalls einrühren. Dazu passt gut frisches Rosinenbrot.

Der Schinken und die Mettwurst werden in der eigenen Räucherei geräuchert. Wie früher in alten Bauernhäusern üblich befindet sich auch hier die fensterlose Kammer auf dem Dachboden. Was damals allein der längeren Haltbarkeit diente, geschieht heute auch mit der Absicht, den Geschmack positiv zu beeinflussen. Mehrere Wochen hängt der Schinken über glimmenden Buchenspänen, die täglich neu angezündet werden. Ein Aufwand, für den das Ergebnis – herrlich aromatischer Schinken – mehr als entschädigt. Nicht ganz so aufwändig ist das Heiß-Räuchern der Würste. Bei diesem Verfahren erhalten sie in modernen Maschinen bei einer Temperatur von etwa 60 Grad ihr gutes Aroma.
Die fertigen Produkte werden frisch im hellen, freundlichen Ladengeschäft verkauft. Neben der Vielzahl kreativer und schmackhafter Spezialitäten von Wurst- und Fleischwaren bietet die Feinkostfleischerei Düwer zudem hausgemachte Feinkost-Salate, internationale Käsesorten, italienische Weine und einen guten Partyservice an. Nicht selten kümmern sich Chef und Chefin selbst um ihre Kunden, schließlich sind ihnen der persönliche Kontakt und das Gespräch sehr wichtig. Hinweise auf neue Artikel und Empfehlungen gehören natürlich dazu. Und die anspruchsvollen Kunden vertrauen den Düwers. „Damit sie sich aber auch selbst davon überzeugen können, darf alles probiert werden“, bemerkt der Fleischer. Garantiert sagt danach niemand mehr nein bei der Frage: „Darf es ein bisschen mehr sein?“

OBSTHOF RAMDOHR

Obsthof Ramdohr

Inhaber: Henning Ramdohr

Hollernstraße 156
21723 Hollern-Twielenfleth

Telefon 00 49 (0) 41 41 / 72 21
Telefax 00 49 (0) 41 41 / 70 64 5

Ruhetag: Montag
(nur von November bis März)

„Probieren Sie doch mal den Jonagold", empfiehlt Johanna Ramdohr, schneidet ein Stück von dem rotbäckigen Apfel ab und reicht es der Kundin: „Der hat eine angenehme Säure und eignet sich hervorragend zum Backen. Außerdem können Sie den Jonagold sehr gut lagern."

Im Obsthof Ramdohr werden sämtliche Fragen rund um das Altländer Obst gerne beantwortet. Außerdem informiert das Familienunternehmen in neunter Generation Interessierte über seinen integrierten Obstbau, der im Einklang mit der Natur steht und nachhaltig hochwertiges und gesundes Obst produziert. Auf Wunsch wird größeren Gruppen der Betrieb auch in einer Führung erklärt. Diplom-Agraringenieur Henning Ramdohr setzt beim Obstanbau genauso auf modernste Forschungsergebnisse wie auf jahrhundertelange Erfahrung. Ein hoch qualifiziertes Team sorgt dafür, dass dieser hohe Anspruch an die Qualität von Lebensmitteln stets eingehalten wird.

Verkehrsgünstig am bekannten Obstmarschenweg in Hollern-Twielenfleth gelegen, ist der Obsthof Ramdohr allein schon durch sein 350-jähriges Altländer Fachwerkbauernhaus ein Blickfang. Eine Pause sollte man hier auf jeden Fall einplanen.

Die Einrichtung des Hofladens – ursprünglich die Apfelscheune – hat ein besonderes Flair, das viel Aufwand und Liebe zum Detail erkennen lässt. Den Kunden erwarten hier nicht nur von Hand geerntete Äpfel, Kirschen, Birnen, Pflaumen oder Beeren in sehr großer Auswahl, sondern auch herrliche Konfitüren und Gelees in 60 verschiedenen Sorten. Wunderbare Geschmacks-

Rote Grütze

nuancen werden durch Zusätze von Gewürzen, ausgewählten Spirituosen und natürlichen Kräutern erreicht. „Wir probieren viele Kombinationen aus und für Versuchszwecke muss dann unser Frühstückstisch herhalten," schmunzelt Henning Ramdohr, „jedes Produkt wird so lange optimiert, bis es der gesamten Familie schmeckt. Erst dann verkaufen wir es." Schonend, ohne künstliche Aromastoffe und Konservierungsmittel werden die erntefrischen Früchte dann in kleinen Portionen verarbeitet. Ansprechend dekoriert in offenen Holzschränken stehen die leckeren Konfitüren zwischen weiteren selbstveredelten Produkten. Die Obsthofküche produziert köstliche Obstkompotte, Rote Grütze (nach Großmutters Geheimrezept!), klassische Rumtöpfe, Rotweinpflaumen, Apfelmus oder fruchtig-scharfe Apfel-Chutneys. Hochsaison herrscht dort gerade zur Ernte, wenn die sonnengereiften Früchte ihr volles Aroma erreicht haben.

Zu dem Angebot aus eigener Herstellung kommt eine breite Palette an regionalen Produkten wie Wurst- und Schinkenspezialitäten, echtem deutschen Imkerhonig, Nudelvariationen, Rohmilchkäse, Brot vom Holzofenbäcker oder frischem Gemüse. Eine große Auswahl an hochwertigen Obstbränden und -likören, Erzeugnisse der Altländer Obstgemeinschaftsbrennerei und kleinerer Privatbrennereien, findet man in raffinierten Glasballons zum Selbstabfüllen. Viel Zuspruch finden da natürlich die großen und kleinen Präsentkörbe, die als schöne Geschenkidee liebevoll und sehr dekorativ verpackt werden.

Wer den Weg ins Alte Land nicht auf sich nehmen kann, aber trotzdem nicht auf die handwerklich gefertigten Spezialitäten und die hübschen Präsente verzichten möchte, der kann sich die Produkte im Online-Shop unter www.obsthof-ramdohr.de bequem nach Hause bestellen. Der unverwechselbare Duft von Seeluft, Natur und frischem Obst wird ihm beim Öffnen eines jeden Konfitürenglases in die Nase steigen und die Vorfreude auf den nächsten Besuch im Alten Land – und natürlich beim Obsthof Ramdohr – wecken.

ALTLÄNDER OBSTHOF

Restaurant und Café
Altländer Obsthof

Inhaber: Annegret und Gerd Beckmann

Hollernstraße 97
21723 Hollern-Twielenfleth

Telefon 00 49 (0) 41 41 / 70 70 7
Telefax 00 49 (0) 41 41 / 76 62 6

Kein Ruhetag (April bis Oktober)
Ruhetage: Dienstag und Mittwoch
(November bis März)

Der Name verrät viel: Wir befinden uns auf einem Obsthof mitten im Alten Land. Der Altländer Obsthof ist aber längst nicht nur ein Betrieb, der Früchte anbaut und vermarktet, sondern zugleich ein urgemütliches Café und Restaurant auf gehobenem Niveau. In einem typischen Altländer Fachwerkhaus aus dem Jahre 1776, das Familie Beckmann vor dem Verfall gerettet, komplett abgetragen und innerhalb eines Jahres liebevoll wieder aufgebaut hat, können die Gäste seit 1995 zum einen köstliche Obstkuchen und Torten genießen. Der Altländer Obsthof zeigt sich zum anderen mittags und abends (und bei Feierlichkeiten) als anspruchsvolles Restaurant mit frischer Küche, welche die eigenen Produkte weiterverarbeitet. Küchenmeister Bernd Enssle lässt sich von den saisonalen Früchten, die der Hof hergibt, inspirieren und kreiert seine Speisen ganz im Zeichen des Obstes – angefangen mit dem Apfel-Zwiebel-Brot und

Hollern-Twielenfleth

dem mit Früchten gespickten Salat über die Entenbrust mit Kirschsoße bis hin zu den Grießschnitten auf Pflaumenkompott. „Die Gäste erwarten bei uns Obst. Darauf gehen wir natürlich ein. Gerade im Sommer können wir aus dem Vollen schöpfen“, weiß Bernd Enssle, der die Früchte auch gerne als dezente i-Tüpfelchen auf dem Essen platziert.
Der Innenraum trägt eine sehr individuelle Note, die Handschrift von Annegret Beckmann. Nostalgisches Flair umfängt den Gast, der hier einkehrt. Bei den Möbeln handelt es sich durchweg um einzigartige Antiquitäten, welche die Inhaberin in mühevoller Arbeit selbst ausgesucht und zusammengestellt hat. Ob Tisch, Stuhl oder Schrank, hier gleicht kein Möbelstück dem anderen. Die Dekoration stammt von diversen Künstlern aus der Region und kann käuflich erworben werden – ebenso wie der Stuhl oder die Bank, auf der man sitzt. Dass Gäste immer wieder den Wunsch danach äußern, spricht für Annegret Beckmanns Geschmack. „So etwas Schönes habe ich überhaupt noch nicht gesehen“: Über diese oder ähnliche Kommentare freut sich die Inhaberin besonders (gerade dann, wenn sie gar nicht für ihre Ohren bestimmt sind). Komplimente erntet das Restaurant auch in Form von Auszeichnungen – für seine regionaltypischen Produkte und Gerichte wurde es mit der „Regionalen Esskultur“ prämiert und für Service und Gastfreundlichkeit mit der „Service Qualität Niedersachsen“.

Da ist es wenig verwunderlich, dass Touristen – unter ihnen viele Hamburger – gerne nach Hollern-Twielenfleth kommen, um die gute Küche und die ruhige, idyllische Lage zu genießen. Im Sommer speist man auf der Terrasse mitten im großzügigen Garten; hier werden auch die täglich frischen Küchenkräuter geerntet. Familie Beckmann hat sich zudem auf größere Gruppen eingestellt und bietet spezielle Arrangements an. Wer länger verweilen möchte, kann eine Ferienwohnung anmieten, auch Obsthofführungen sind möglich. Schließlich soll der Gast mit-

bekommen, dass er sich auf einem Obsthof mit 46 Hektar Land befindet. Und das Essen schmeckt mit neuem Bewusstsein über den Obstanbau gleich doppelt so gut.

Lauwarmer Ziegenkäse im Speckmantel auf Pflaumenkompott und Heidehonig

Zutaten

6 Stück Ziegenkäse Picandou
12 Scheiben geräucherter Bauchspeck
500 g Pflaumen
100 ml Rotwein
1 TL Speisestärke
1 EL Zucker
1 EL Heidehonig
2 Zweige Rosmarin
2 Zweige Thymian
Salz, Pfeffer

Zubereitung

1 EL Rotwein mit Speisestärke anrühren. Zucker und Honig hellbraun in der Pfanne bräunen. Pflaumen vierteln und hinzufügen. Mit restlichem Wein ablöschen und aufkochen, dann Gewürze und Kräuter hinzufügen. Das Ganze ca. 5 Minuten auf kleiner Flamme köcheln lassen. Mit Speisestärke andicken und gut durchkochen. Ziegenkäse jeweils mit 2 Scheiben Speck einwickeln und in einer Pfanne kross anbraten.

HOFLADEN LORE FEINDT

Hofladen Lore Feindt
Inhaberin: Lore Feindt

Westerjork 57
21653 Jork

Telefon 00 49 (0) 41 62 / 75 49
Telefax 00 49 (0) 41 62 / 96 51

Kein Ruhetag

Lore und Jan Hinrich Feindt unterziehen ihre Produkte einer strengen Qualitätskontrolle: „Das gesamte Sortiment unseres Hofladens haben wir selbst getestet und für gut befunden – nur was uns schmeckt, verkaufen wir weiter." Und das ist neben saisonalen Früchten, die der Obsthof hergibt – darunter seltene Apfelsorten wie Rubinette und Karmijn – noch eine Menge mehr. Die Produktpalette umfasst genauso hausgemachte Konfitüren und Gelees sowie regionale Altländer Spezialitäten an Wurst, Schinken, Brot und Käse. Ausgefallen sind die Sanddornprodukte, Fruchtessige und -öle, Bruscetta-Nudeln oder diverse Pestosorten. Der eigene Anspruch ist hoch: „Wir suchen immer neue Produkte, die nicht jeder hat", meint der Obstbauer.
Auch wenn man es von außen nicht vermutet, präsentiert sich der Hofladen innen als wahre Schatzkammer. Aufgerichtete, mit Lebensmitteln bestückte Holzapfelkisten verkleinern die alte Scheune optisch und schaffen Gemütlichkeit, die zum Stöbern und Einkaufen einlädt. Für Gruppen, auf Anfrage und/oder bei schönem Wetter verarbeitet Lore Feindt ihre Früchte zu Obstkuchen, den sie im großen Garten zum Kaffee anbietet. Das Highlight des Jahres findet mit Beginn der Ernte am jeweils zweiten Septemberwochenende statt: der „Tag des offenen Hofes". Gemeinsam mit anderen Betrieben putzt sich der Hofladen heraus, um zu zeigen, was die Region zu bieten hat und wie köstlich das Obst hier schmeckt. Die Feindts sind ein lebendes Beispiel dafür: „Wir nehmen uns in der Kirschen- und Pflaumenzeit immer wieder vor, nicht selbst unser bester Kunde zu werden. Und dann fangen wir doch schon morgens an zu naschen", lacht Lore Feindt, „und wenn man einmal erst angefangen hat..."

75 Minuten – schneller geht es auch mit dem Auto nicht. Von Hansestadt zu Hansestadt. Von Hamburg nach Stade. Die Fahrt begleitet von vielfältigen Eindrücken, erholsam und doch rasant. Kurz vor der Anlegestelle „Stader Sand" verlangsamt der moderne Katamaran „Elbe-City-Jet" seine Fahrt elbabwärts. Pünktlich legt er an. Nur noch ein Katzensprung ist es von hier in die nordische Hansestadt Stade. Der Fluss Schwinge begleitet auf dem Weg zum historischen Hafen.

Das Element Wasser prägt die Stadt genauso wie ihre über 1000-jährige Geschichte. Als Hafenstadt war Stade einst sogar bedeutender als Hamburg. Der um 1250 erbaute Hansehafen ist bis heute als einer der ältesten Häfen Europas erhalten geblieben. Auf dem Fischmarkt erinnern der geschichtsträchtige Holzkran und die Stadtwaage an vergangene Zeiten.

Die frühbarocken Fachwerkhäuser und Backsteinbauten, liebevoll restauriert, wurden von den Schweden errichtet, welche Ende des 17. Jahrhunderts Stade eroberten. Bei einem Spaziergang durch die Stadt begegnen dem Besucher noch viele Relikte aus der Zeit der schwedischen Herrschaft. Dazu gehören imposante Wallanlagen rund um die Altstadt, die heute begrünt zu ausgedehnten Spaziergängen einladen. Das ehemalige Provianthaus, der „Schwedenspeicher", gehörte der schwedischen Garnision und beherbergt nun ein Museum.

Und Stade hat noch wesentlich mehr zu bieten. Die gesamte Altstadt mit den malerischen Gassen und Plätzen erzählt eine spannende Geschichte und entführt auf eine Reise in die Vergangenheit. Ein Ort zum Schauen und Verweilen – dazu laden auch zahlreiche Cafés, Bistros, Eiscafés und Restaurants ein.

Von Hansestadt zu Hansestadt, von Stade nach Hamburg geht es zurück mit dem „Elbe-City-Jet", der seine Fahrgäste in die Gegenwart zurückholt. In 75 Minuten.

KÖPKE'S EISCAFE

Wenn sich das Wetter von seiner besten Seite zeigt, dann hat Köpke's Eiscafé Hochkonjunktur: Was kann es an heißen Sommertagen schon Besseres geben als ein erfrischendes Eis? Die täglich (aus regionalen Produkten) frisch zubereitete Leckerei schmeckt so gut, dass auch Regen und Kälte ihrem Genuss keinen Abbruch tun.
Früh hat Familie Köpke auf die große Nachfrage nach ihren kalten Köstlichkeiten reagiert und die ehemalige Gaststätte nach und nach in ein Eiscafé umfunktioniert. Heute blickt das Familienunternehmen stolz auf sein 100-jähriges Bestehen und fast 50 Jahre Erfahrung in der Eisherstellung zurück. Ständig werden neue Geschmacksrichtungen kreiert; der Kunde kann daher unter 60 Eissorten und über 100 dekorativ gestalteten Eisbechern wählen. Ob in einer frisch gebackenen (!) Waffel im Stehen genossen, im gemütlichen Gastraum im Wiener Kaffeehausstil oder auf der Terrasse mit Springbrunnen und Teich – das Eis ist hier eine Sünde wert. Traditionelle Sorten sind ebenso gefragt wie zum Beispiel das ausgefallene Mozart-Eis aus Nougat, Pistazien und Karamell. Ausgewählte Eissorten lassen auch Diabetiker und Milchallergiker auf ihre Kosten kommen.
Weitere Pluspunkte des Eiscafés sind seine verkehrsgünstige Lage und das große Parkplatzangebot. Früher wurde das am Rande von Stade gelegene Lokal vor allem von Reisenden besucht, die vor einer langen Fahrt noch einmal ausspannen wollten; heute profitiert Köpke's von seiner Nähe zur B73 und B74 und hat sich als beliebtes Ausflugsziel etabliert, auch für Gäste aus Bremerhaven, Cuxhaven oder Hamburg. Für gute Qualität nimmt man gerne einen langen Weg in Kauf.

Köpke's Eiscafe
Inhaberin: Petra Köpke

Bremervörder Straße 152
21682 Stade

Telefon 00 49 (0) 41 41 / 81 16 0
Telefax 00 49 (0) 41 41 / 80 16 46

Kein Ruhetag

Restaurant Barbarossa

Inhaber: Lars Fritsch

Salzstraße 25
21682 Stade

Telefon/Telefax 00 49 (0) 41 41 / 28 84

Kein Ruhetag

„Was kannst du uns empfehlen?" Fragend blicken zwei hungrige Augenpaare Lars Fritsch an. Die Stammgäste des Barbarossa vertrauen dem Inhaber, haben seine Empfehlungen bisher doch immer ihren Geschmack getroffen. Eine Antwort wartet man daher erst gar nicht ab: „Ach, zauber' uns einfach etwas Schönes!"
Szenerien wie diese sind Alltag für den gelernten Koch. Das große Vertrauen resultiert nicht zuletzt aus seiner offenen, herzlichen Art. Lars Fritsch hat immer einen lockeren Spruch auf den Lippen und hält, was er verspricht: Die mediterranen Gerichte sind einwandfrei und lecker. Chefkoch Carsten Kröger und Fritsch verwerten ausschließlich frische Produkte, deren Eigengeschmack sie mit kräftigen Gewürzen originell untermalen. Die besten kulinarischen Ergebnisse entstehen, wenn beide Köche miteinander über ihre Einfälle diskutieren und jeder seine kreative Handschrift einfließen lässt. So werden auch mal spontan neue Kreationen entwickelt – und das ganz „ohne doppelten Boden" (Fritsch). Dafür sorgt die offene Küche im Gastraum, die der Theke angegliedert ist. Jeder einzelne Schritt der Zubereitung geschieht vor den Augen der Gäste, die nachvollziehen können, was später auf ihren Tellern landet. Gerne schaut man dabei dem Küchenchef über die Schulter, stellt die eine oder andere Frage zu Produkten und Zubereitung oder hält einfach einen kurzen „Schnack".
Natürlich kann der Gast im Restaurant auch ganz ungestört sein. Der große Kamin in der Mitte des Raumes schafft für jeden der eingedeckten Tische eine angenehme Intim-

sphäre. Das einladende Ambiente kennzeichnet eine südländische Einfachheit, die durch schöne Details aufgewertet wird. Dazu gehört zum Beispiel das Klavier, auf dem ein professioneller Spieler regelmäßig für authentische Musikuntermalung sorgt.
Neben den Musikabenden ist der Inhaber jederzeit für neue Ideen zu haben. Er versucht (fast) jeden Wunsch seiner Gäste zu realisieren – ob es sich dabei um Essen, Dekoration oder das Unterhaltungsprogramm bei Veranstaltungen handelt. Obwohl das Barbarossa mittags geschlossen hat, öffnet es auf Vorbestellung sogar für zwei Personen. Kein Problem für Lars Fritsch, denn seine Arbeit macht ihm zweifelsohne großen Spaß.
Da ist es wenig verwunderlich, dass er „nebenbei" Kochkurse in einem hochwertigen Stader Küchenstudio anbietet. Hier kocht er mit 8 bis 12 Personen leichte, aber auch aufwändige Gerichte, die am Ende natürlich in ansprechendem Rahmen probiert werden dürfen. Wer das Barbarossa kennen gelernt hat, weiß, dass das Ergebnis stets ein voller Erfolg ist – dem Koch kann man schließlich vertrauen.

Stade

Lammfilet im Sesammantel mit Aprikosen-Chutney und glasierten Avocadospalten

Zutaten
800 g Lammfilet
2 Eier
5 EL Mehl
100 g Sesam
8 Aprikosen
1 Schalotte
1 EL heller Balsamico-Essig
1 Avocado
Zitronensaft
Salz und Pfeffer
Cayenne-Pfeffer
Olivenöl

Zubereitung
Lammfilets halbieren, salzen und pfeffern, in Mehl, Ei und Sesam wenden. Vorsichtig in Olivenöl goldbraun braten (nicht zu heiß).
Für das Chutney 6 Aprikosen halbieren, entsteinen und spalten. Schalotte in Scheiben schneiden und zusammen mit den Aprikosen in Öl andünsten. Mit Balsamico ablöschen und bei kleiner Hitze weiterkochen. Mit Salz und Cayenne-Pfeffer abschmecken und dann pürieren. Die restlichen Aprikosen halbieren und würfeln. Unter das noch warme Chutney rühren.
Die Avocado vierteln, entkernen und von der Schale befreien. In Olivenöl mit etwas Zitrone andünsten, salzen und pfeffern.
Alles auf einem Teller anrichten. Dazu schmecken orientalische Blätterteigstangen oder Kurkuma-Kartoffeln.

VOM FASS

Vom Fass

Inhaber: Hannes Gripp

Hökerstraße 31
21682 Stade

Telefon 00 49 (0) 41 41 / 95 16 32
Telefax 00 49 (0) 41 41 / 95 13 30

Ruhetag: Sonntag

100 ml Trüffelöl, 400 ml Aceto Balsamico di Modena, 3/4 l Chardonnay del Veneto, 550 ml feiner Orangenlikör: Was beinahe wie die Zutatenliste eines Rezeptes anmutet, ist tatsächlich das Resultat eines Einkaufes bei Vom Fass. Ins Auge sticht dabei nicht nur die Aufzählung kulinarischer Köstlichkeiten in ausschließlich flüssiger Form, sondern vor allem eins: die Mengenangaben. Ab 100 ml kann sich der Kunde hier Weine, Öle, Essige, Spirituosen und Liköre in beliebiger Menge abfüllen lassen und gerne auch vorher probieren. Eins der über 170 Vom Fass-Geschäfte liegt in der Stader Altstadt und wird von Hannes Gripp engagiert und mit sehr persönlicher Note geführt. Das schmucke Ladengeschäft präsentiert sich in mediterraner Eleganz mit warmen Holztönen. Frisch, vielseitig und vor allem hochwertig ist das individuell zusammengestellte Sortiment von 180 vorwiegend italienischen Flaschenweinen und rund 150 offenen Spezialitäten (allesamt Eigenmarken). Aus den ebenso dekorativen wie praktischen Glasballons, Holzfässern und großen Tonkrügen wird die gewünschte Menge in attraktive Flaschen und Gefäße abgefüllt und liebevoll mit der Hand beschriftet – eine tolle Geschenkidee. „Der Kunde kann aber natürlich auch sein eigenes Behältnis mitbringen", betont Hannes Gripp.

Saisonale Angebote finden spezielle Berücksichtigung. So gibt es im Frühjahr Bärlauchöl, im Sommer Erdbeerlimes oder im Herbst Federweißen. Ein Highlight am jeweils dritten Oktoberwochenende ist der Beginn der Glühweinsaison. Dann genießen die Kunden draußen an hohen Fässern stehend das köstlich-heiße Getränk – natürlich ebenfalls frisch abgefüllt.

„Und als der Hase im vollen Lauf am Ziel unten am Acker ankam, rief ihm die Frau des Igels entgegen: ‚Ich bin schon da!'" Dem berühmten Märchen vom Wettlauf zwischen dem Hasen und dem Igel hat Buxtehude seinen Ruf als Märchenstadt zu verdanken, denn das sagenumwobene Ereignis soll hier stattgefunden haben: „So geschah es, dass auf der Buxtehuder Heide der Igel den Hasen zu Tode gelaufen hatte, und seit jener Zeit hat kein Hase mehr gewagt, mit dem Buxtehuder Igel um die Wette zu laufen." Als Wilhelm Schröder im Jahre 1840 sein Märchen in plattdeutscher Sprache veröffentlichte, hatte er sicherlich nicht die geringste Vorstellung davon, welchen Stein er damit ins Rollen bringen würde.
In Form von Redewendungen ist Buxtehude heute in aller Munde. So wird mit „Buxtehude, wo der Pfeffer wächst" ein weit entfernter, unbekannter Ort bezeichnet. Bis heute soll es den einen oder anderen (süddeutschen) Unwissenden geben, der an der realen Existenz der Hansestadt zweifelt. In diesen Zusammenhang passt auch die Redensart, dass in Buxtehude „die Hunde mit dem Schwanz bellen".
Seinen Ruf hat sich das geografisch reale Buxtehude zunutze gemacht. Schon vor den Stadttoren grüßt ein Straßenschild mit einem freundlichen Igel „Ick bün all hier!" Ein Hauch von Nostalgie empfängt den Besucher in dieser geschichtsträchtigen Märchenstadt. Ähnlich wie Stade kann Buxtehude auf eine lange Vergangenheit, ebenfalls als Hafenstadt, zurückblicken. Beim gemütlichen Bummel durch die charmante Altstadt trifft man auf restaurierte Kaufmannshäuser mit kunstvoll verzierten Fachwerkgiebeln und dem Wahrzeichen, der gotischen St. Petri-Kirche aus dem 13. Jahrhundert. Malerisch sind der Ost- und Westfleth, zwei von Fachwerkhäusern gesäumte Gassen, die den kleinen Durchfluss der Este umgeben. Hier kann man sich an einem lauschigen Plätzchen noch einmal an Has' und Igel erinnern, die „up de lütje Haide bi Buxtehude" um die Wette liefen.

APOTHEKE

PIUS WEINWIRTSCHAFT

Die Qualität eines Weines wird durch viele Faktoren beeinflusst. Der Genuss desselbigen ebenfalls. Neben der Güte eines Rebensaftes lassen das passende Ambiente, die richtige Stimmung und eine gute Beratung das Weintrinken zum Erlebnis werden. Wo aber findet man diese Kriterien vereint, wenn zudem nicht das Essen im Vordergrund stehen soll?
Diese Frage hat auch Pius Regli beschäftigt. Seine Überlegung, guten Wein in großer Auswahl und stilvoller Atmosphäre anzubieten, verwirklichte er zunächst auf Sylt. Heute profitiert auch Buxtehude von Pius' Weinwirtschaft. Locker und unkompliziert ist hier das junge Team, das den Gästen mit ausgesuchten Weinen aus aller Welt (darunter viele stark limitierte Tropfen) die „Lust am guten Leben" vermittelt. Dazu gehören auch die besonderen – süßen wie herzhaften – Delikatessen.

Die warme Einrichtung des Fachwerkhauses ergänzt den Genuss. Wie man das außergewöhnliche Ambiente mit dominierenden Bordeauxrot-Tönen sowie dekorativen Weinflaschen und -fässern auch beschreiben mag, ob elegant-stilvoll oder gemütlich-einladend, am Ende kommt man immer zu demselben Ergebnis – unbeschreiblich schön! Dies unterstützen zudem die „gefühlten 1000 Teelichter" (Geschäftsführerin Anna Brüser), die Stimmung pur schaffen.
Komplettiert wird das Genusserlebnis durch die Wahl des passenden Weines. Erläuterungen zu Herkunft, Weingut und Geschmack stehen in der Weinkarte, Angebote auf liebevoll beschrifteten leeren Flaschen. Persönliche Tipps bekommt der Gast vom herzlichen Personal.
Ganz gleich, ob Weinkenner oder -laie, die Gäste vereint hier eins: die Freude am Geschmack und Weingenuss – eben die „Lust am guten Leben".

Pius Weinwirtschaft
Inhaber: Pius Regli

Abtstraße 8
21614 Buxtehude

Telefon 00 49 (0) 41 61 / 55 82 81

Ruhetag: Montag

HODDOW'S GASTWERK

Restaurant Hoddow's Gastwerk

Inhaber: Christoph und Inga Hoddow

Westfleth 35
21614 Buxtehude

Telefon 00 49 (0) 41 61 / 50 39 01
Telefax 00 49 (0) 41 61 / 50 39 02

Ruhetage: Montag und Dienstag

„Mama, warum hat der Seeteufel eigentlich keine Hörner?" Helles Kinderlachen dringt aus der Küche von Hoddow`s Gastwerk, wo Inga Hoddow gerade mit schnellen Schnitten einen herrlich frischen Seeteufel zerlegt. Moralische Unterstützung erhält sie von den Zwillingen Tamina und Tabea, kleinen Energiebündeln, die immer eine Frage mehr parat haben, als es überhaupt Antworten gibt. Daneben auf dem Tisch, vor Freude glucksend, der zweijährige Luka. „So sieht ein Familienbetrieb aus", sagt Christoph Hoddow lächelnd. Vor ihm auf dem Tresen eine Reihe geöffneter Weinflaschen, Proben renommierter Weingüter, die der versierte Kenner auf Herz und Nieren prüft, bevor er sie in sein Sortiment aufnimmt.

Nach mehreren Stationen in renommierten Häusern, darunter auch einige in der Schweiz, sind Inga und Christoph Hoddow in Buxtehude sesshaft geworden. Mit einem alten Fachwerkhaus in einer kleinen Gasse in der Altstadt war der ideale Standort für die Pläne der gelernten Köchin und des Hotelfachmanns gefunden. Nach aufwändigen Sanierungs- und Renovierungsarbeiten konnte Hoddow's Gastwerk im April 2004 endlich seine Pforten öffnen. Definitiv ein Zugewinn für das kulinarisch eher verwaiste Buxtehude.

Hier verwöhnt jetzt nämlich eine moderne, kreative Küche mit klassischen Einflüssen

den anspruchsvollen Gaumen. Perfekt verarbeitet werden vorwiegend regionale Produkte, die es auch auf dem Wochenmarkt gibt. Convenience-Artikel kennt man bei Hoddow's nicht: Was möglich ist, wird selbst produziert – von den Nudeln bis zum Eis. Durch die frische und individuelle Zubereitung kann die Küche auch problemlos auf spezielle Wünsche eingehen. „Unter der Voraussetzung, dass wir die Zutaten vorrätig haben, bekommt man bei uns alles, was man möchte", so Inga Hoddow. Denn hier gilt die Devise: Hauptsache der Gast ist zufrieden.

Und jetzt wird auch der Name des Hauses verständlich. Gastwerk: In dem Wort ist alles enthalten, was die Hoddows sind. Richtig: Das Restaurant befindet sich in einem FachWERKhaus, die Küche basiert auf handWERKlichem Können. Außerdem ist alles auf das Wohl des GASTes ausgelegt und sehr gute Qualität gibt es zu GASTfreundlichen Preisen.

Stilvoll eingedeckte Tische mit dunkler Lederbestuhlung sorgen auf drei offenen Etagen für eine aufgelockerte und zugleich intime Atmosphäre. Im Untergeschoss befindet sich die Küche – ebenfalls offen. Ein weiteres Indiz für die Professionalität des Hauses. Wenn man schon Qualität, Frische, Kreativität, handwerkliches Geschick und eine perfekte Zubereitung anbieten kann, warum sollte man es den Gast nicht wissen lassen?

Seeteufel auf Rucola-Risotto mit Sommergemüse und gerösteter Pancetta

Zutaten

700–800 g Seeteufel
Salz, Mehl, Olivenöl
3 EL Butter (zimmerwarm)
2 Schalotten
2 Knoblauchzehen
70 g Risottoreis
100 ml trockener Weißwein
500–600 ml Brühe
3 Bund Rucola
2 EL geriebener, frischer Parmesan
8 Scheiben Pancetta

Zubereitung

Seeteufel würzen, mehlieren und im Öl anbraten. Dann im Ofen bei 80 °C garen. 2 EL Butter erhitzen, Knoblauch und Schalotten fein schneiden, im heißen Fett glasig dünsten. Den Reis hinzufügen und farblos mit anschwitzen. Das Ganze mit Weißwein ablöschen und nach und nach die Brühe zugießen. Ständig rühren, da ein Risotto leicht anbrennt. Für die Rucolabutter 1 Bund Rucola mit der restlichen Butter ganz fein pürieren und kalt stellen.
Den Risotto vom Herd nehmen und salzen.
2 Bund Rucola fein schneiden und zusammen mit der Rucolabutter und dem Parmesan unterheben.
Risotto in der Tellermitte anrichten, den Seeteufel in Portionen schneiden und mit Sommergemüse wie zum Beispiel Spargel, Zucchini oder Brokkoli darauf verteilen. Pancetta in der heißen Pfanne rösten und auf den Fisch legen.

Saftige Wiesen, grüne Wälder und ruhige Moorlandschaften bestimmen die endlosen Weiten der Stader Geest. Natur pur erwartet den Besucher in dem dünn besiedelten Landstrich. Kein feuchtes Marschland wie im Kern des Alten Landes, sondern ein trockener, sandiger Boden prägt die Geest, die mit Acker- und Weideland von Landwirtschaft bestimmt ist.
Die Stader Geest ist ein Paradies für Fahrradfahrer: Es gibt keine größeren Steigungen und die höchste Erhebung ist etwa 30 Meter hoch. Auf einer Tour durch die beschauliche Landschaft lernt man pittoreske Orte und Städtchen wie die historische Gemeinde Harsefeld oder das Christkinddorf Himmelspforten kennen. Stress und Hektik der Großstadt scheinen Lichtjahre entfernt. Auf seiner Fahrt von Stade nach Osterholz-Scharmbek durch das Teufelsmoor passiert der nostalgische „Moorexpress“ auch die Stader Geest. An mehreren Stationen wie in Deinste, Fredenbeck und Mulsum macht der Zug Halt und lädt zum Einsteigen ein. In den historischen Wagen des „Moorexpress“ genießt man dann verträumte Naturlandschaften und stille Hochmoore, die während der Fahrt vorüberziehen.

JITHOFER KÄSEREI

Jithofer Käserei

Inhaber: Annette Alpers-Tipke und Klaus Tipke

Jithof 1
21698 Bargstedt

Telefon 00 49 (0) 41 64 / 64 79
Telefax 00 49 (0) 41 64 / 12 18

Hofladen: Freitag und Samstag geöffnet,
Besichtigungen auf Anfrage

Ein guter Käse benötigt vor allem eins: Zeit. Zeit zum Reifen und zur Entwicklung seines besonderen Aromas. Die bekommt der Käse auf dem Jithof. Als Annette Alpers-Tipke und Klaus Tipke 1998 begannen, die auf ihrem Hof erzeugte Milch zu Käse zu verarbeiten, mussten sie viel dazulernen. Die Idee entstand während einer Studienreise nach Holland, danach bildeten sich die beiden durch Seminare und durch Ratschläge befreundeter Fachleute weiter. „Wir haben einfach angefangen zu käsen, viel ausprobiert und schon nach kurzer Zeit unseren ersten leckeren Käse testen können“, blickt Annette Alpers-Tipke zurück: „Ob Familie, Freunde oder Bekannte, erst als der Käse allen schmeckte, begannen wir ihn auf unserem hiesigen Bauernmarkt in Harsefeld zu verkaufen.“

Seitdem ist das Geschäft stetig gewachsen. Die Jithofer Käserei bietet heute in ihrem eigenen Hofladen, auf sieben Wochenmärkten und in ausgesuchten Hofläden im Alten Land und Umgebung Weich- und halbfesten Schnittkäse in 15 köstlichen Sorten an. Sehr beliebt sind der „Hamburger Pfeffersack“, der „Geest-Käse mit Thymianstreifen“ oder der „Bockshornkleekäse“. Ob mit oder ohne Brot, der Käse ist ein wahrer Gaumenschmaus, der auch gut zu einem Glas Wein schmeckt.
In der Käserei stellt Familie Tipke den Käse mit moderner Technik her, welche die Arbeit erleichtert. Dennoch sieht man jedem Produkt die Handarbeit an, denn die Käsepflege im Lager erfolgt ausschließlich per Hand. Jeder Laib wird ungefähr zweimal wöchentlich gebürstet und gewendet. Und das sechs

bis zwölf Wochen lang, denn so lange muss der Käse reifen, bis er das richtige Aroma hat. Neue Geschmacksrichtungen werden durch Zugabe von Gewürzen und Kräutern nach eigenen Rezepten kreiert. „Durch die lange Reifezeit steigert sich die Vorfreude auf die erste Verkostung einer neuen Sorte enorm", beschreibt der Inhaber: „Beim Thymian-Käse haben wir sogar acht mögliche Kräuter ausprobiert. Erst nach drei Monaten wussten wir, welcher am besten schmeckt." Für ein besonders intensives Aroma lässt man den Käse sogar noch etwas länger reifen. Geduld ist daher eine wichtige Tugend, die jeder Käser mitbringen sollte. Außerdem ist das Milchprodukt sehr empfindlich, der Käse erhält die optimale Reife nur, wenn die Produktion einwandfrei verläuft und Temperatur und Luftfeuchtigkeit (während der Reifung) stimmen. Jeder Handgriff muss daher mit Umsicht und Präzision ausgeführt werden – der spätere Genuss des Käses belohnt die Sorgfalt. Die Qualität wird zudem entscheidend durch die Milch, die von 90 gesunden Milchkühen kommt, beeinflusst. Die Familie legt Wert darauf, dass sich die Tiere wohlfühlen, sei es durch den Weidegang im Sommer, helle, luftige Ställe, das gute Futter oder die einwandfreie Hygiene. Dass den zwei Käseherstellern ihre Arbeit viel Spaß macht, merkt man am Ergebnis, dem aromatischen Käse. Annette Alpers-Tipke genießt den Kundenkontakt und gibt gerne Empfehlungen. Über ihre Arbeit zu informieren ist der Jithofer Käserei wichtig, daher bietet sie Käsereibesichtigungen an. Die abschließende Käseprobe weiß dann auch jeder richtig zu schätzen. Denn ein gutes Stück Käse ist mehr als nur ein Nahrungsmittel – nämlich purer Genuss.

SPARGELHOF WERNER

Spargelhof Werner

Inhaber: Ulrike und Hans-Jürgen Werner

Hauptstraße 9
21717 Deinste

Telefon 00 49 (0) 41 49 / 30 8
Telefax 00 49 (0) 41 49 / 13 88

Geöffnet täglich von April bis Juli

Spargel ist ein ganz besonderer Genuss. Nicht zuletzt deswegen, weil es ihn frisch nur zu einer bestimmten Zeit im Jahr gibt. Ob grün oder weiß – von April bis Ende Juni landen die langen Stangen köstlich zubereitet auf vielen Esstischen.

Auf dem Spargelhof Werner herrscht in dieser Zeit „Vollbeschäftigung". 120 Erntehelfer stechen täglich etwa sieben Tonnen Spargel, die auf dem Hof sortiert, gewaschen, gekühlt und verpackt werden, um zeitnah in den vier Hofläden und den 50 Verkaufsständen im gesamten Elbe-Weser-Dreieck angeboten zu werden. Damit der Spargel immer „eine Idee frischer" ist, zeigen Ulrike und Hans-Jürgen Werner an sieben Tagen die Woche und 14 Stunden täglich unermüdlich vollen Einsatz. Wer ein schönes Ambiente schätzt, sollte das Edel-Gemüse direkt im hofeigenen Laden in Deinste kaufen. Neben der großen Spargelauswahl mit 16 Sortierungen bekommt der qualitätsbewusste Kunde hier Schinken, Sauce Hollandaise und Co. – eben alles, was zum Spargel dazugehört. Ab Ende Mai gibt es sonnengereifte frische Erdbeeren, ebenfalls aus eigenem Anbau: ein leckeres Dessert. Weitere regionale Produkte wie Gemüse, Eier, Wurst, Käsespezialitäten und Marmelade sind ebenso erhältlich wie geschmackvolle Dekorationsartikel und Geschenke. Im eigenen kleinen Bistro wird nicht nur frisches Brot gebacken, sondern Spargel zu appetitlichen Quiches, Aufläufen oder leckeren Suppen verarbeitet.

Ab Johanni, dem 24. Juni, bekommt der Spargel dann erst einmal die wohlverdiente Ruhephase. Denn durch die lange Pause ist und bleibt er das, was er ist: ein ganz besonderer Genuss.

BAUERNSCHEUNE

„Wir haben unsere Gäste gefunden und unsere Gäste uns." Eine Tatsache, über die sich Ellen Tiedemann besonders freut – liegt ihre Bauernscheune doch in einem kleinen, relativ versteckten 800-Seelen-Dorf mitten in der Stader Geest. Wenn zudem Gäste aus größeren Städten wie Stade, Cuxhaven oder Hamburg hierher kommen, dann kann man darauf zu Recht stolz sein.

Eine Erklärung ist schnell gefunden. Die Bauernscheune ist eine professionell geführte Hofgastronomie, die auf Anmeldung mit 24 Stunden Vorlauf jederzeit öffnet – ganz gleich ob für zwei Personen, größere Gruppen oder Events. Wer das Besondere sucht, ist hier richtig, lassen doch zusätzliche „Bausteine" die Hof- zu einer Erlebnisgastronomie werden. Moorwanderung, Planwagenfahrt, Hofdiplom und Co. kann man mit gutem Essen verbinden.

Die Kochkünste der gastronomieerfahrenen Inhaberin überzeugen selbst den letzten Zweifler. Für die Gäste zaubert sie kreative Speisen aus regionalen, frischen Produkten, die sie auf mediterrane Art interpretiert. Zartes Rindfleisch kommt vom eigenen Hof und lässt Rinderbraten alla Romana oder Rinderfiletsteaks gleich doppelt so gut schmecken. Die lukullischen Köstlichkeiten genießt man in der historischen Moorscheune, die geschmackvoll eingerichtet rustikalen Charme verströmt. Sämtliche Details tragen die Handschrift von Ellen Tiedemann, die ihren Beruf mit voller Energie lebt. Jeder Gast kann sich bei ihr wie ein König fühlen, der sich auf einer „Landpartie" mit Unterhaltung, frischer Landluft, gutem Service und hervorragendem Essen verwöhnen lässt.

Hof- und Erlebnisgastronomie
Bauernscheune

Inhaberin: Ellen Tiedemann-Bartsch

Kötnerende 46
21726 Heinbockel

Telefon 00 49 (0) 41 44 / 45 97
Telefax 00 49 (0) 41 44 / 54 93

Kein Ruhetag, aber Voranmeldung

Altländer Obsthof 174
Hollernstraße 97
21723 Hollern-Twielenfleth
Telefon 00 49 (0) 41 41 / 70 70 7
Fax 00 49 (0) 41 41 / 76 62 6
info@altlaenderobsthof.de
www.altlaenderobsthof.de

Barbarossa 180
Salzstraße 25
21682 Stade
Tel. / Fax 00 49 (0) 41 41 / 28 84
info@barbarossa-stade.de
www.barbarossa-stade.de

Bauernscheune, Hof- und Erlebnisgastronomie 193
Kötnerende 46
21726 Heinbockel
Telefon 00 49 (0) 41 44 / 45 97
Fax 00 49 (0) 41 44 / 54 93
info@bauernscheune-heinbockel.de
www.bauernscheune-heinbockel.de

Baurs Park, Hotel-Restaurant 56
Elbchaussee 573
22587 Hamburg
Telefon 00 49 (0) 40 / 86 66 62 0
Fax 00 49 (0) 40 / 86 66 62 20
info@baurspark.de
www.baurspark.de

Bioland-Hof Timmermann 73
Sülldorfer Kirchenweg 237
22589 Hamburg
Telefon 00 49 (0) 40 / 87 04 05 4
Fax 00 49 (0) 40 / 87 33 20
hof.timmermann@t-online.de
www.biohof-timmermann.de
www.bioland.de

Blue Marlin im Crowne Plaza Hamburg 132
Graumannsweg 10
22087 Hamburg
Telefon 00 49 (0) 40 / 22 80 60
Fax 00 49 (0) 40 / 22 08 64 55
reservations.cphamburg@whgeu.com
www.crowneplaza.com

Blumen Kaiser 151
Falkenbergsweg 153a
21149 Hamburg
Telefon 00 49 (0) 40 / 70 20 57 0
Fax 00 49 (0) 40 / 70 20 57 22
mail@blumen-kaiser.de
www.blumen-kaiser.de

Breckwoldt's Fischfeinkost 58
Elbchaussee 531
22587 Hamburg
Telefon 00 49 (0) 40 / 86 03 32
Fax 00 49 (0) 40 / 86 42 78
info@breckwoldts-feinkost.de
www.breckwoldts-feinkost.de

Broders' Culinarium, Feinkost und Essbar 124
Mittelweg 172
20148 Hamburg
Telefon 00 49 (0) 40 / 41 07 10 5
Fax 00 49 (0) 40 / 44 50 64 27
fhblohm@broders.de
www.broders.de

Brücke, Restaurant Bodeguita, Weinhandlung 112
Innocentiastraße 82
20359 Hamburg
Telefon 00 49 (0) 40 / 42 25 52 5

Chilli Club 44
Am Sandtorkai 54
20457 Hamburg
Telefon 00 49 (0) 40 / 35 70 35 80
Fax 00 49 (0) 40 / 35 70 30 99
info@chilliclub.de
www.chilliclub.de

Claus Kröger 90
Große Bergstraße 241
22767 Hamburg
Telefon/Fax 00 49 (0) 40 / 38 06 06 0
service@claus-kroeger.de
www.claus-kroeger.de

Club de Dégustation de Hambourg 144
Gärtnerstraße 118
20253 Hamburg
Telefon 00 49 (0) 40 / 61 13 71 44
Fax 00 49 (0) 40 / 61 13 71 45
delz@delvino.de
www.vindebordeaux.de

Cox 146
Lange Reihe 68 / Greifswalder Straße 43
20099 Hamburg
Telefon 00 49 (0) 40 / 24 94 22
Fax 00 49 (0) 40 / 28 05 09 02
info@restaurant-cox.de
www.restaurant-cox.de

Dal Fabbro 54
Blankeneser Bahnhofstraße 10
22587 Hamburg
Telefon 00 49 (0) 40 / 86 89 41
Fax 00 49 (0) 40 / 86 59 21
info@dal-fabbro.de
www.dal-fabbro.de

del Vino 142
Im Alstertal-Einkaufszentrum
Heegbarg 31
22391 Hamburg
Telefon 00 49 (0) 40 / 61 13 71 44
Fax 00 49 (0) 40 / 61 13 71 45
delz@delvino.de
www.delvino.de

del Vino außerdem
im Phoenix-Center Harburg
Hannoversche Straße 86
21079 Hamburg
Telefon 00 49 (0) 40 / 30 30 67 78

Die Mühle 164
Am Elbdeich 1
21653 Jork
Telefon 00 49 (0) 41 62 / 63 95
Fax 00 49 (0) 41 62 / 60 05 22
info@diemuehlejork.de
www.diemuehlejork.de

Die Schwäbin 82
Große Brunnenstraße 41
22763 Hamburg
Telefon 00 49 (0) 40 / 39 90 20 06
dieschwaebin@amos-hamburg.de
www.dieschwaebin.de

Dorfkrug Volksdorf 140
Im Alten Dorfe 44
22359 Hamburg
Telefon 00 49 (0) 40 / 60 39 29 4
Fax 00 49 (0) 40 / 52 43 15 2
info@dorfkrug-volksdorf.de
www.dorfkrug-volksdorf.de

EDENliving 110
Klosterallee 67
20144 Hamburg
Telefon 00 49 (0) 40 / 42 10 24 24
Fax 00 49 (0) 40 / 42 10 24 25
kontakt@edenliving.de
www.edenliving.de

EDENliving außerdem
Rupertistraße 23
22609 Hamburg
Telefon 00 49 (0) 40 / 81 99 77 57
Fax 00 49 (0) 40 / 81 99 75 50

El Toro 100
Kleiner Schäferkamp 21
20357 Hamburg
Telefon 00 49 (0) 40 / 45 95 51
Fax 00 49 (0) 40 / 69 66 21 61
info@el-toro.de
www.el-toro.de

Elbe76 99
Bismarckstraße 60
20259 Hamburg
Telefon 00 49 (0) 40 / 40 02 35
Fax 00 49 (0) 40 / 43 27 38 22
welcome@elbe76.de
www.elbe76.de

Elbgarten 40
im Hotel Holiday Inn Hamburg
Billwerder Neuer Deich 14
20539 Hamburg
Telefon 00 49 (0) 40 / 78 84 00
Fax 00 49 (0) 40 / 78 84 10 00
info@hi-hamburg.de
www.holiday-inn.com

Feinbeisser Catering.
Party & Veranstaltungsservice 80
Telefon 00 49 (0) 40 / 39 90 73 40
Fax 00 49 (0) 40 / 39 90 73 41
info@feinbeisser.de
www.feinbeisser.de

Feinkostfleischerei Düwer 170
Kurze Straße 18
21720 Grünendeich
Telefon 00 49 (0) 41 42 / 22 67
Fax 00 49 (0) 41 42 / 22 00
info@fleischerei-duewer.de
www.fleischerei-duewer.de

FrischeParadies Goedeken 48
Große Elbstraße 210
22767 Hamburg
Telefon 00 49 (0) 40 / 38 90 80
Fax 00 49 (0) 40 / 38 90 81 10
gf@frischeparadies.de
www.frischeparadies.de

Gärtnerei und Hofladen Stender 38
Tatenberger Deich 154
21037 Hamburg
Telefon 00 49 (0) 40 / 73 73 42 7
Fax 00 49 (0) 40 / 73 43 09 71
gaertnerei.stender@web.de
www.hofladen-stender.de

Gallo Nero, Enoteca e Ristorante 134
Sierichstraße 46
22301 Hamburg
Telefon 00 49 (0) 40 / 27 09 22 29
Fax 00 49 (0) 40 / 27 80 67 44
corrado@gallo-nero.net
www.gallo-nero.net

Grandiflora 167
Muddweg 159
21720 Mittelnkirchen
Telefon 00 49 (0) 41 42 / 81 38 50
Fax 00 49 (0) 41 42 / 81 37 70
butendeich@grandiflora.de
www.grandiflora.de

Heinsens Ellerbek 64
Haupstraße 1
25474 Ellerbek
Telefon 00 49 (0) 41 01 / 37 77 0
Fax 00 49 (0) 41 01 / 37 77 29
info@heinsens.de
www.heinsens.de

Helbing Kümmel 85
BORCO-Marken-Import
Winsbergring 12–22
22525 Hamburg
Telefon 00 49 (0) 40 / 85 31 60
Fax 00 49 (0) 40 / 85 85 00
infoline@borco.com
www.helbingkuemmel.de

Hoddow's Gastwerk 186
Westfleth 35
21614 Buxtehude
Telefon 00 49 (0) 41 61 / 50 39 01
Fax 00 49 (0) 41 61 / 50 39 02
info@hoddows-gastwerk.de
www.hoddows-gastwerk.de

Hofladen Lore Feindt 176
Westerjork 57
21653 Jork
Telefon 00 49 (0) 41 62 / 75 49
Fax 00 49 (0) 41 62 / 96 51
info@hofladen-lore-feindt.de
www.hofladen-lore-feindt.de

Hummer Pedersen 42
Große Elbstraße 152
22767 Hamburg
Telefon 00 49 (0) 40 / 38 16 17
Fax 00 49 (0) 40 / 38 92 66 3
info@Hummer-Pedersen.de
www.Hummer-Pedersen.de

Jithofer Käserei 190
Jithof 1
21698 Bargstedt
Telefon 00 49 (0) 41 64 / 64 79
Fax 00 49 (0) 41 64 / 12 18
info@jithofer-kaeserei.de
www.jithofer-kaeserei.de

Kleines Jacob, Weinwirtschaft 50
im Hotel Louis C. Jacob
Elbchaussee 401–403
22609 Hamburg
Telefon 00 49 (0) 40 / 82 25 55 10
Fax 00 49 (0) 40 / 82 25 59 44 4
kleines-jacob@hotel-jacob.de
www.hotel-jacob.de

Kleinhuis, Weinrestaurant 30
im Hotel Baseler Hof
Fehlandtstraße 26
20354 Hamburg
Telefon 00 49 (0) 40 / 35 33 99
Fax 00 49 (0) 40 / 34 37 77
info@weinrestaurant-kleinhuis.de
www.baselerhof.de

Klinge 116
Lehmweg 17
20251 Hamburg
Telefon 00 49 (0) 40 / 69 66 21 60
Fax 00 49 (0) 40 / 69 66 21 61
jens.klinge@restaurant-klinge-hamburg.de
www.restaurant-klinge-hamburg.de

KOCH + DESIGN HAUS 145
Papenhuder Straße 32
22087 Hamburg
Telefon 00 49 (0) 40 / 20 76 91 07
Fax 00 49 (0) 40 / 20 76 91 12
info@koch-design-haus.de
www.koch-design-haus.de

Kochschule Hamburg 86
Beim Alten Gaswerk 1
22761 Hamburg
Telefon 00 49 (0) 40 / 33 31 08 60
Fax 00 49 (0) 40 / 33 31 08 61
info@kochschule-hamburg.de
www.kochschule-hamburg.de

Köpke's Eiscafe 179
Bremervörder Straße 152
21682 Stade
Telefon 00 49 (0) 41 41 / 81 16 0
Fax 00 49 (0) 41 41 / 80 16 46
info@eiscafe-koepke.de
www.eiscafe-koepke.de

Kruizenga Spezialitäten 136
Maria-Louisen-Straße 11-13
22301 Hamburg
Telefon 00 49 (0) 40 / 46 09 97 0
Fax 00 49 (0) 40 / 46 09 97 47
service@kruizenga.de
www.kruizenga.de

Küchenwerkstatt 130
Hanns-Henny-Jahnn Weg 1
22085 Hamburg
Telefon 00 49 (0) 40 / 22 92 75 88
Fax 00 49 (0) 40 / 22 92 75 99
mail@kuechenwerkstatt-hamburg.de
www.kuechenwerkstatt-hamburg.de

Kypros 88
Spritzenplatz 18
22765 Hamburg
Telefon 00 49 (0) 40 / 39 38 63
akis.telioridis@web.de

La Fattoria 108
Isestraße 16
20144 Hamburg
Telefon 00 49 (0) 40 / 42 00 25 5
Fax 00 49 (0) 40 / 42 09 44 9
info@lafattoria-hamburg.de
www.lafattoria-hamburg.de

La Vigna Weine 111
Beim Schlump 10-12
20144 Hamburg
Telefon 00 49 (0) 40 / 45 20 91
Fax 00 49 (0) 40 / 45 04 03 2
la-vigna-weine@t-online.de
www.la-vigna-weine.de

Lambert 70
Osdorfer Landstraße 239
22549 Hamburg
Telefon 00 49 (0) 40 / 80 77 91 66
Fax 00 49 (0) 40 / 80 77 91 64
info@lambert-hamburg.de
www.lambert-hamburg.de

Le Buffet 28
im Alsterhaus
Jungfernstieg 16-20
20354 Hamburg
Telefon 00 49 (0) 40 / 35 71 12 46
Fax 00 49 (0) 40 / 35 71 12 48
gastronomie.hh-alsterhaus@lebuffet.de
www.alsterhaus.de
www.lebuffet.de

Lo Spuntino 84
Lobuschstraße 26
22765 Hamburg
Telefon 00 49 (0) 40 / 39 80 77 92

Mendelssohn's. 66
im Residenzhotel NewLivingHome
Julius-Vosseler-Straße 40
22527 Hamburg
Telefon 00 49 (0) 40 / 40 13 31 00
Fax 00 49 (0) 40 / 40 13 32 00
restaurant@mendelssohns.de
www.mendelssohns.de
www.newlivinghome.de

Mess 94
Turnerstraße 9
20359 Hamburg
Telefon 00 49 (0) 40 / 43 41 23
Fax 00 49 (0) 40 / 43 25 01 53
kontakt@mess.de
www.mess.de

Event und Catering Mess 94
Telefon 00 49 (0) 40 / 43 25 01 52

Weinhimmel Mess 94
Turnerstraße 16
20359 Hamburg
Telefon 00 49 (0) 40 / 43 27 71 16
weinhimmel@mess.de
www.messwein.de

momento di 152
Veritaskai 3
21079 Hamburg
Telefon 00 49 (0) 40 / 76 75 55 94
Fax 00 49 (0) 40 / 76 75 34 94
info@momentodi.com
www.momentodi.com

Obsthof Matthies 162
Am Elbdeich 31
21653 Jork / Borstel
Telefon 00 49 (0) 41 62 / 91 58 0
Fax 00 49 (0) 41 62 / 91 58 34
info@obsthof-matthies.de
www.obsthof.de

Obsthof Ramdohr 172
Hollernstraße 156
21723 Hollern-Twielenfleth
Telefon 00 49 (0) 41 41 / 72 21
Fax 00 49 (0) 41 41 / 70 64 5
info@obsthof-ramdohr.de
www.obsthof-ramdohr.de

Obsthof Viets 155
Plantagenweg 2
21629 Neu Wulmstorf
Telefon 00 49 (0) 41 68 / 13 91
Fax 00 49 (0) 41 68 / 83 53
info@apfelland.de
www.obsthof-viets.de

Obstparadies Schuback 166
Hofläden:
Westerjork 81 (von September bis Mai)
Am Elbdeich 32a (von Juni bis August)
21653 Jork
Telefon 00 49 (0) 41 62 / 37 0
Fax 00 49 (0) 41 62 / 91 10 04
apfeldiplom@web.de
www.obstparadies-jork.de

Odysseus 104
Hellkamp 1
20251 Hamburg
Telefon 00 49 (0) 40 / 40 17 25 99
Fax 00 49 (0) 40 / 41 28 35 96
odysseus-hamburg@gmx.de
www.odysseus-hamburg.de

Opera 32
Dammtorstraße 7
20354 Hamburg
Telefon 00 49 (0) 40 / 34 12 00
Fax 00 49 (0) 40 / 35 01 58 73
ristorante-opera@web.de

Panem et Salis 92
Gastronomie- und Veranstaltungsservice
Langbehnstraße 8
22761 Hamburg
Telefon 00 49 (0) 40 / 88 16 80 78
Fax 00 49 (0) 40 / 88 16 80 79
fk@panem-et-salis.de
www.panem-et-salis.de

Panetteria 74
Osdorfer Landstraße 4
22607 Hamburg
Telefon 00 49 (0) 40 / 82 11 31
Fax 00 49 (0) 40 / 82 17 90
panetteria@t-online.de
www.panetteria.de

Petit Délice, Restaurant
Petit Traiteur, Café-Bistro 22
Große Bleichen 21
20354 Hamburg
Telefon 00 49 (0) 40 / 34 34 70
Fax 00 49 (0) 40 / 35 01 58 73
ew@petitdelice.de
www.petitdelice.de
www.petittraiteur.de

Piment 106
Lehmweg 29
20251 Hamburg
Telefon 00 49 (0) 40 / 42 93 77 88
Fax 00 49 (0) 40 / 42 93 77 89
info@restaurant-piment.de
www.restaurant-piment.de

Pius Weinwirtschaft 185
Abtstraße 8
21614 Buxtehude
Telefon 00 49 (0) 41 61 / 55 82 81
info@pius-weine.de
www.pius-weine.de

Portomarin 128
Dorotheenstraße 180
22299 Hamburg
Telefon 00 49 (0) 40 / 46 96 15 47
Fax 00 49 (0) 40 / 28 80 06 96
info@portomarin.de
www.portomarin.de

Rialto 26
Michaelisbrücke 3
20459 Hamburg
Telefon 00 49 (0) 40 / 36 43 42
Fax 00 49 (0) 40 / 36 77 01
info@rialto-hamburg.de
www.rialto-hamburg.de

Rodan 72
Waitzstraße 20
22607 Hamburg
Telefon 00 49 (0) 40 / 88 16 86 61
Fax 00 49 (0) 40 / 88 16 91 78
mail@restaurant-rodan.de
www.restaurant-rodan.de

Sai Gon 103
Martinistraße 14
20251 Hamburg
Telefon 00 49 (0) 40 / 46 09 10 09
Fax 00 49 (0) 40 / 46 09 10 08
www.restaurant-saigon.de

Silo16 153
Schellerdamm 16
21079 Hamburg
Telefon 00 49 (0) 40 / 41 54 14 94
Fax 00 49 (0) 40 / 41 54 14 95
info@silo16.com
www.silo16.com

Spargelhof Werner 192
Hauptstraße 9
21717 Deinste
Telefon 00 49 (0) 41 49 / 30 8
Fax 00 49 (0) 41 49 / 13 88
info@werner-spargel.de
www.spargelhof-werner.de

Tafelhaus 46
Neumühlen 17
22763 Hamburg
Telefon 00 49 (0) 40 / 89 27 60
Fax 00 49 (0) 40 / 89 93 32 4
anfrage@tafelhaus.de
www.tafelhaus.de

Thyme 148
im Dorint Novotel
Lübecker Straße 3
22087 Hamburg
Telefon 00 49 (0) 40 / 39 19 00
Fax 00 49 (0) 40 / 39 19 01 90
h3737@accor.com
www.novotel.com
www.accorhotels.com

Tourismusverband
Landkreis Stade / Elbe e.V. 168
Kirchenstieg 30
21720 Grünendeich
Telefon 00 49 (0) 41 42 / 81 38 38
Fax 00 49 (0) 41 42 / 81 38 40
info@tourismusverband-stade.de
www.tourismusverband-stade.de

Turquaz 68
Borsteler Chaussee 120
22453 Hamburg
Telefon 00 49 (0) 40 / 53 00 80 53
Fax 00 49 (0) 40 / 53 00 80 52
info@restaurant-turquaz.de
www.restaurant-turquaz.de

Vom Fass 182
Hökerstraße 31
21682 Stade
Telefon 00 49 (0) 41 41 / 95 16 32
Fax 00 49 (0) 41 41 / 95 13 30
vomfass-stade@t-online.de
www.vomfass.de

Weinlounge Hamburg 118
Straßenbahnring 17
20251 Hamburg
Telefon 00 49 (0) 40 / 42 93 87 18
Fax 00 49 (0) 40 / 42 93 87 11
info@weinlounge.com
www.weinlounge.com

Restaurant Windows 126
im InterContinental Hamburg
Fontenay 10
20354 Hamburg
Telefon 00 49 (0) 40 / 41 42 0
Fax 00 49 (0) 40 / 41 42 22 99
hamburg@ichotelsgroup.de
www.hamburg.intercontinental.com

Witthüs 52
Restaurant, Café und Teehaus
Elbchaussee 499a
22587 Hamburg
Telefon 00 49 (0) 40 / 86 01 73
Fax 00 49 (0) 40 / 86 75 80
info@witthues.de
www.witthues.de

Zum Alten Senator 24
Neanderstraße 27 / Ecke Peterstraße
20459 Hamburg
Telefon 00 49 (0) 40 / 35 71 44 70
Fax 00 49 (0) 40 / 34 80 95 95
mvdh@zumaltensenator.de
www.zumaltensenator.de

Zum Dorfkrug 154
Grenzweg 1
21629 Neu Wulmstorf
Telefon 00 49 (0) 40 / 70 06 24 7
Fax 00 49 (0) 40 / 70 05 79 8
info@zum-dorfkrug.com
www.zum-dorfkrug.com

VERZEICHNIS DER REZEPTE

SUPPEN, VORSPEISEN, KLEINE GERICHTE

HAUPTGERICHTE MIT FISCH

HAUPTGERICHTE MIT FLEISCH

DESSERTS, GEBÄCK UND GETRÄNKE

ISBN-13: 978-3-86528-333-7

ISBN-13: 978-3-86528-343-6

ISBN-13: 978-3-86528-341-2

ISBN-13: 978-3-86528-338-2

KULINARISCHE ENTDECKUNGSREISEN ...

... DURCH DIE SCHÖNSTEN URLAUBSREGIONEN

ISBN-13: 978-3-86528-340-5

ISBN-13: 978-3-86528-335-1

ISBN-13: 978-3-86528-348-1

ISBN-13: 978-3-86528-347-4

ISBN-13: 978-3-86528-349-8

ISBN-13: 978-3-86528-346-7

ISBN-13: 978-3-86528-350-4

ISBN-13: 978-3-86528-345-0